GEORG MARKUS
Spurensuche

GEORG MARKUS

Spurensuche

Neue Geschichten aus Österreich

Mit 76 Abbildungen

1. Auflage September 2020
2. Auflage November 2020

Besuchen Sie uns im Internet unter: amalthea.at

© 2020 by Amalthea Signum Verlag, Wien
Alle Rechte vorbehalten
Umschlaggestaltung: Elisabeth Pirker/OFFBEAT
Umschlagabbildung: © ullstein bild – Hans Henschke/Ullstein Bild/picturedesk.com
Lektorat: Madeleine Pichler
Herstellung und Satz: VerlagsService Dietmar Schmitz GmbH, Heimstetten
Gesetzt aus der 12,75/17,25 pt Chaparral Pro und der Alwyn New Rounded
Designed in Austria, printed in the EU
ISBN 978-3-99050-188-7

Inhalt

Es geht nicht nur um des Kaisers Bart
Vorwort *19*

Skurrile Spurensuche

Der Doppelgänger des Kaisers
Eine österreichische Köpenickiade *24*

Der Einbrecher auf der Ansichtskarte
Ein fataler Fehler des Meisterdiebes *29*

Der Suaheli-Dolmetsch, der kein Suaheli konnte
Eine Erinnerung an Wiens »Schwarzmarktkönig« *30*

Das Geheimnis des Schnorrerkönigs
Poldi Waraschitz hat nie etwas bezahlt *32*

Spurensuche in der Welt der Musik

Mozarts Vater
Wie Leopold das junge Genie förderte *38*

Das Verzeichnis des Herrn von Köchel
Wolfgang Amadeus Mozarts guter Geist 40

Das Musikgenie und der Korse
Beethoven distanziert sich von Napoleon 43

»Von 9–12 und von 4–6«
Beethoven verkauft Eintrittskarten 45

Fast immer hoch verschuldet
Franz Schuberts Finanzlage 46

Der erste Auftritt des »Walzerkönigs«
Die kulturhistorische Bedeutung des Dommayer 48

Familienzwist im Hause Strauss
Wo sind Josefs Originalnoten? 50

Manch Blutiges um *Wiener Blut*
Dramen im Dreivierteltakt 52

Ein Bühnenunfall, der Geschichte schrieb
Maria Jeritza an der Hofoper 54

Wie die *Gräfin Mariza* entstand
Operettenerfolg beim dritten Anlauf 56

Der letzte Wertgegenstand
Robert Stolz und der Gerichtsvollzieher 58

Die verhinderte *La Traviata*
Der Streit zwischen Karajan und der Callas 60

Spurensuche in der k. u. k. Welt

Die letzte Nacht in der Armesünderzelle
Die Abschaffung der Todesstrafe 64

Verwandt mit Queen Victoria
Der erste Skandal im Hause Mensdorff-Pouilly 65

Der Kaiser überwies Unsummen
Die geheime Leidenschaft der Katharina Schratt 67

»Ich gehöre nicht mehr zu dieser Welt«
Das einzige Interview, das die Schratt gab 69

Der Bruder des Operettenkönigs
Die Geschichte des Generals Anton von Lehár 71

Spurensuche in der Welt des Kriminals

»Leben Sie wohl, Francesconi!«
Die Ermordung eines Geldbriefträgers 76

Ein echter Mord im Burgtheater
Tödliches Drama während einer Vorstellung 79

Der Tod des Politikers Franz Schuhmeier
Mordanschlag am Wiener Nordwestbahnhof 81

Das Attentat an der Universität Wien
Zum Tod von Professor Moritz Schlick 83

Der Mord beim Hochstrahlbrunnen
Ein ungeklärter Kriminalfall 85

Spurensuche bei prominenten Wien-Besuchern

Kaiser trifft Papst
Joseph II. bleibt unnachgiebig 90

»Am nächsten Tag war sie weltberühmt«
Die Entdeckung der Eleonora Duse in Wien 93

Die große Rivalin der Duse
Das abenteuerliche Leben der Sarah Bernhardt 95

»Lügen Sie doch einfach!«
Mark Twains Wien-Aufenthalt 97

Gut is 'gangen, nix is g'schehn
Die Wiener Flugschau des Grafen Zeppelin 99

»Sie san heut scho der Dritte«
Giacomo Puccini in Wien 101

Tod im offenen Sportwagen
… und Isadora Duncans Erlebnis in Wien 103

Ein Amerikaner in Wien
George Gershwin bringt den ersten Kugelschreiber 107

»Jeder ist Professor, aber keiner kann spielen«
Toscanini dirigiert die Wiener Philharmoniker 109

Ein romantisches Abenteuer
Charlie Chaplins Wiener Affäre 110

Niemand wusste, wie alt sie war
Zsa Zsa Gabors Karrierestart in Wien 113

Spurensuche in der Welt der Liebe

Seelenverwandte oder Geliebte
Die ungeklärte Beziehung des Prinzen Eugen 116

Nestroy und die Frauen
Eine seltsame Posse 118

Franz Ferdinand als Schürzenjäger
Das wilde Vorleben des Thronfolgers 120

Die wirkliche Lovestory
Das Weiße Rössl lag nicht am Wolfgangsee 123

Lina verlässt Adolf Loos
Eine dramatische Liebschaft 125

»Die Situation schrie nach einer stürmischen Affäre«
Die seltsame Lovestory der Lotte Lenya 127

Marlene Dietrichs Wiener Liebesabenteuer
Die Romanze mit Willi Forst 130

Spurensuche in der Welt der Maler

Der Frauenheld und der Maler
Casanovas vergessener Bruder 134

Das Atelier des Malerfürsten
Hans Makart und seine Skandalbilder 136

Die Tragödie eines großen Malers
Richard Gerstls fatale Liebesgeschichte 138

»In einem Atemzug mit dem Bruder«
Der Wiener Maler Ernst Klimt 140

Spurensuche in Wiener Gebäuden

»Bete zu Gott, dass ich gesund werde«
Die wahren Todesursachen der Opernarchitekten 144

»Im Burgtheater hört und sieht man nichts«
Ein architektonischer Skandal 146

Unter keinem guten Stern
Das Palais, in dem Mary Vetsera wohnte 150

»Komm mit mir ins Chambre séparée«
Pikante Geheimnisse im Hotel Sacher 152

Ein Schloss für arme Kinder
Die Republik übernimmt Schönbrunn 155

Garage oder Gemeindebau
Um ein Haar hätte man die Staatsoper abgerissen 157

Spurensuche in der Politik

Die Türken vor Wien
Zwei Versuche, die Stadt zu erobern 160

»I hab mir halt denkt: Man kann nie wissen!«
Die Spitzel des Fürsten Metternich 161

»Man hat ihn durchsucht und einen Dolch gefunden«
Mordanschlag auf Napoleon in Wien 163

Ein Gulasch für eine halbe Million
Ein Blick in die Zeit der großen Inflation 166

Ein Adjutant stirbt für seinen König
Attentat auf Albaniens Monarchen in Wien 168

»Das schlechteste Essen, das je serviert wurde«
Das Treffen Kennedy–Chruschtschow in Wien 169

SPURENSUCHE IN DER WELT DER LITERATUR

Der Fall der Komtesse Mizzi
Ein Stoff für Arthur Schnitzler 174

Der einsame Tod eines Dichters
Georg Trakl stirbt durch eine Überdosis Kokain 176

War es doch kein Selbstmord?
Erkenntnisse zu Adalbert Stifters Tod 178

SPURENSUCHE BEI BERÜHMTEN MUSEN

Die entzauberte Muse
Alma Mahler-Werfel heroisiert sich selbst 182

Mehr als bloß Muse?
Klimts Freundin Emilie Flöge 184

»Ja, wenn ich die Einzi zur Witwe hätt«
Muse und Managerin 186

Spurensuche bei grossen Tragödien

Meister Puchsbaums schreckliches Ende
Vom Baugerüst in den Tod gestürzt 190

Einen medizinischen Fachausdruck falsch geschrieben
Warum man seine Gegner zum Duell forderte 191

Zweikampf um eine schöne Frau
Fürst Liechtenstein gegen Herrn von Weichs 193

»Ich werde mich auf den Tod erkälten«
Der Abschied einer Burgtheatergröße 195

Die Tragödie eines Publikumslieblings
Lizzi Waldmüllers Tod im Luftschutzkeller 197

Wenn beide Elternteile sterben
Was aus Maria Cebotaris Kindern wurde 199

Ein Unfall mit dramatischen Folgen
Kardinal König wäre fast gestorben 201

Inferno in der Straßenbahn
Zwanzig Tote bei einem Tramwayunglück 203

SPURENSUCHE IM KAISERHAUS

Wenn Kaisers einen Ausflug machen
Maria Theresia in Haft 208

Beruf: Kaiser
Joseph II. als Taufpate 209

Eine bizarre Ehe
Kaiser Joseph II. und Maria Josepha 211

Gerechtigkeit für eine Königin
Die Tragödie der Marie Antoinette 213

Das vergessene Attentat auf den Thronfolger
Ein Mordanschlag in Baden bei Wien 216

»Er hatte keine Ahnung von Geld«
Kronprinz Rudolf in finanziellen Nöten 218

Ein merkwürdiger Jagdunfall
Wollte Kronprinz Rudolf den Kaiser töten? 220

Ihr Inhalt könnte Mayerling klären
Der Kronprinz und die geheimnisvolle Schatulle 223

Österreichs berühmteste Schmuckstücke
Wie Kaiserin Elisabeth zu ihren Sternen kam 224

Die Tragödie von Sisis Schwester
Eine Brandkatastrophe fordert mehr als hundert Tote 226

SPURENSUCHE IN DUNKLEN STUNDEN

Österreichs erster Emigrant
Stefan Zweig verlässt seine Heimat 230

Wie es zum »Hitler-Gruß« kam
Die Wurzeln liegen im alten Rom 232

Heirat ohne Bräutigam
Kurt Schuschnigg sitzt im Gefängnis 234

Der Burgschauspieler als Gestapo-Spitzel
Otto Hartmanns Verrat fordert Todesopfer 235

Hitler entführt Napoleons Sohn
Grabraub in der Kapuzinergruft 237

Zwei Wahrheiten
Der Dirigent Wilhelm Furtwängler 239

Hat Goebbels eine Ohrfeige bekommen?
Die Geliebte des Propagandaministers 241

Der Mann, der den Stephansdom rettete
Eine mutige Befehlsverweigerung 243

Spurensuche in der Welt der Medizin

Haydns Schädel aus dem Grab gestohlen
Das Geheimnis um die Gebeine des Genies 246

Keine Idylle in Herrn Schrebers Garten
Der »Erfinder« des Schrebergartens war ein Tyrann 248

Der betrunkene Spitalsdiener
Die Pest im Jahr 1898 250

Freud heilt Mahler
Das Zusammentreffen zweier Genies 252

Der Arzt, der seine Patienten raubte
Lorenz Böhler ist der Vater der Unfallchirurgie 254

Spurensuche in der Welt des Theaters

Die Karte war schon gekauft
Anton Bruckner überlebt den Ringtheaterbrand 258

Bezahlte Beifallsklatscher
Claqueure gehörten zum Alltag des Theaterbetriebs 260

»Schnattert nicht, hier wird gestorben!«
Adele Sandrock galt als Wiens erotischste Frau 262

Die längste Scheidung der Welt
Max Reinhardt braucht zwanzig Jahre 264

Eine schillernde Figur
Die Geschäfte des Camillo Castiglioni 266

Ein Star wird geboren
Die Entdeckung des Komikers Hans Moser 268

Der Publikumsliebling in der Hausmeisterwohnung
Die Villa des Volksschauspielers 270

Zusammenbruch auf offener Bühne
Peter Lorre hat ernsthafte Probleme 272

»Der Untergang des Burgtheaters«
Das Vorhangverbot für Schauspieler 274

Zum Abschied ertönt die Kaiserhymne
Wie ein Burgtheaterstar begraben wird 276

»Das Pissauer ist dort hinten rechts!«
Wie unsere Stars wirklich hießen 277

Spurensuche im Reich der Anekdote

Das vorgespielte Nachtleben
Der Herzog von Windsor in Wien 282

Die Dietrich ist unzufrieden
oder Das Alter des Maskenbildners 283

»Wie fangt's an?«
Hans Moser und die Reblaus 284

»Weil i des Stückl inzwischen g'lesen hab«
Attila Hörbiger beruhigt sich 285

Der misslungene *Practical Joke*
Typisch Qualtinger 286

Onassis und Jackie in Graz
Ein sonderbarer Staatsbesuch 288

Der Streit um des Kaisers Bart
Franz Joseph und Johann Strauss 290

Danksagung 292
Quellenverzeichnis 293
Bildnachweis.. 296
Namenregister 297

Es geht nicht nur um des Kaisers Bart
Vorwort

Mein halbes Leben lang begebe ich mich jetzt schon auf Spurensuche. Umso erstaunlicher, dass ich ein paar Dutzend Bücher schreiben musste, um diesem endlich den vorliegenden Titel zu geben.

Spurensuche. Sie ist essenzieller Bestandteil meiner Arbeit als Chronist historischer Begebenheiten. Da gibt es Personen, auf deren Spuren ich mich schon in früheren Büchern begab, die hier aber mit neuen Geschichten bedacht werden. Wie etwa Kaiser Franz Joseph, der einen Doppelgänger hatte, der jahrzehntelang mit identischer Figur, ähnlichem Gesicht, Uniform und »Kaiserbart« durch die Monarchie stolzierte – bis die beiden Herren einander eines Tages persönlich gegenüberstanden.

Mit dieser Begegnung beginnt das Buch. Im Kapitel »Skurrile Spurensuche« finden sich aber auch eine Episode über jenen Meisterdieb, der sich irrtümlich am Tatort fotografieren ließ, eine weitere über einen Suaheli-Dolmetsch, der kein Suaheli konnte, und eine über den legendären »Schnorrerkönig« Poldi Waraschitz, der ein Leben in Saus und Braus führte, ohne je dafür bezahlt zu haben.

Auf »Spurensuche in der Welt der Musik« befasse ich mich mit Mozarts nächster Umgebung, die viel zu seinem Werdegang beitrug. Ich entdeckte, dass Beethoven in seiner Wohnung auf der Mölkerbastei »von 9–12 Uhr vormittags und von 4–6 Uhr nachmittags« persönlich Eintrittskarten für seine Konzerte verkaufte. Ich studierte die triste Finanzlage Franz Schuberts und ging einem Familienzwist im Hause Johann Strauss nach. Ebenfalls im Musikkapitel erfährt man von einem Bühnenunfall der *Primadonna assoluta* Maria Jeritza, der Geschichte schrieb, und wie der letzte Wertgegenstand des Operettenkönigs Robert Stolz in die Hände eines Gerichtsvollziehers geriet.

Im Kapitel »Spurensuche in der k. u. k. Welt« zitiere ich aus dem einzigen Interview, das Katharina Schratt gegeben hat, und berichte über den General Anton von Lehár, der im Gegensatz zu seinem viel bedeutenderen Bruder Franz, dem Schöpfer der *Lustigen Witwe,* in den Adelsstand erhoben wurde.

Darüber hinaus führen die Spuren dieses Buches die geneigte Leserin und den geneigten Leser in die Welt des Kriminals. Zu Enrico von Francesconi etwa, der, aus bester Familie stammend, einen Geldbriefträger überfiel und ermordete. Es geht um ein Drama im Burgtheater, das sich 1925 fatalerweise nicht auf der Bühne, sondern im Zuschauerraum ereignete – mit einem echten Toten. Ebenfalls im Wien der Zwischenkriegszeit fanden die Attentate auf den Politiker Franz Schuhmeier und den Philosophieprofessor Moritz Schlick statt. An den »Mord beim Hochstrahlbrunnen«, bei dem eine 21-jährige Mannequinschülerin erstochen wurde, wird sich manch betagterer Leser vielleicht noch erinnern.

Ganz und gar nicht blutig geht es im Kapitel »Spurensuche bei prominenten Wien-Besuchern« zu. Hier wird die Geschichte von Papst Pius VI. erzählt, der nach Wien kam, um Kaiser Joseph II. dazu zu bringen, die Sperre der hiesigen Klöster zu widerrufen. Wei-

Vorwort

ters geht es um Giacomo Puccini, George Gershwin, Arturo Toscanini, Mark Twain, den Grafen Zeppelin sowie die Jahrhundert-Künstlerinnen Eleonora Duse, Sarah Bernhardt und Isadora Duncan. Von Charlie Chaplin, der zwei Mal hier war, bleibt eine süße Romanze mit einer schönen Wienerin in Erinnerung.

Diese Romanze führt uns nahtlos zur »Spurensuche in der Welt der Liebe« mit Affären, die den Prinzen Eugen, Johann Nestroy, den Thronfolger Franz Ferdinand, die wirkliche *Rössl*-Wirtin und Marlene Dietrich betreffen.

In der »Welt der großen Maler« verfolgen wir die Spuren von Hans Makart sowie den Brüdern von Casanova und Gustav Klimt. In der »Welt der Politik« erfahren wir Neues über einen Mordanschlag auf Napoleon in Wien, ein Attentat vor der Staatsoper auf den König von Albanien und dass ausgerechnet beim Gipfeltreffen Kennedy–Chruschtschow laut österreichischer Präsidentschaftskanzlei »das schlechteste Essen, das je serviert wurde« auf den Tisch des Schlosses Schönbrunn kam. Im Kapitel »Spurensuche in dunklen Stunden« geht es um Stefan Zweig, den Dirigenten Wilhelm Furtwängler und »den Mann, der den Stephansdom rettete«.

In keinem meiner bisherigen Bücher war es so schwierig, Ordnung in die einzelnen Geschichten zu bringen, wie in diesem. Der Fall der Komtesse Mizzi hätte ebenso gut in die »Welt des Kriminals« gepasst, ich lasse sie aber im Kapitel »Literatur« auftreten, weil ihre Lebensgeschichte von keinem Geringeren als Arthur Schnitzler dramatisiert wurde. »Gerechtigkeit für eine Königin« hätte auch bei den Tragödien Platz gefunden, wurde aber zur »Spurensuche im Kaiserhaus« gereiht. Ebenso wie der tragische Tod von Sisis Schwester Sophie Herzogin von Alençon. Die Lebensgeschichten von Richard Gerstl, Georg Trakl und Adalbert Stifter hätten ebenfalls zu den Tragödien gepasst, wurden aber in die Spurensuche der großen Maler beziehungsweise Literaten eingefügt.

In der »Welt des Theaters« finden sich Geschichten darüber, wie Anton Bruckner den Ringtheaterbrand überlebte, warum Max Reinhardt zwanzig Jahre für seine Scheidung brauchte und Hans Moser in einer Hausmeisterwohnung lebte. Auf »Spurensuche in Wiener Gebäuden« begab ich mich, um das pikante Geheimnis der legendären Séparées im Hotel *Sacher* zu lüften.

All das ist nur ein Auszug aus einer viel längeren Liste von Geschichten, es gibt noch die »Spurensuche im Reich der Anekdote«, wo der Herzog von Windsor, Karl Farkas, Helmut Qualtinger und einmal mehr Hans Moser vorkommen.

Mit der allerletzten Geschichte schließt sich der Kreis: Wie im Einstiegskapitel geht es auch hier um des »Kaisers Bart«. Diesmal aber wird die »Konkurrenz« geschildert, die die Menschen damals ernsthaft beschäftigte: Wer hat den schöneren Bart? Kaiser Franz Joseph oder Johann Strauss? Nur so viel sei vorweg schon verraten: Der eine ließ sich einen wachsen, um jünger, der andere, um älter auszusehen.

Ich freue mich, wenn Sie sich, geneigte Leserin, geneigter Leser, mit mir auf Spurensuche begeben. Und ich wünsche Ihnen dabei ebenso viel Unterhaltung wie Spannung und neue Informationen.

Georg Markus
Wien, im August 2020

SKURRILE SPURENSUCHE

Skurrile Spurensuche

Der Doppelgänger des Kaisers
Eine österreichische Köpenickiade

Es war eine Szene wie aus einem Film (der damals gerade in seinen Kinderschuhen steckte). Ein Herr in Uniform und dazu passender Kappe durchquerte forschen Schritts den Inneren Burghof in Wien. Sowohl Passanten als auch die Offiziere und Soldaten der vor der Residenz des Kaisers diensttuenden Leibgarde glaubten ihren Augen nicht trauen zu können. Denn Seine Majestät der Kaiser spazierte mutterseelenallein, ohne einen Adjutanten an seiner Seite, vom Ballhausplatz in Richtung Hofburg. An seiner Identität bestand kein Zweifel, der Mann war in Figur, seinen Gesichtszügen und Bewegungen, in seiner Haltung und mit seinem Bart ein Ebenbild Kaiser Franz Josephs. Allerdings gab es in den letzten Jahren der Monarchie ein Wiener Original, das gerne als Doppelgänger des Monarchen auftrat.

Den »Kaiserbart« zu tragen war damals in Österreich-Ungarn durchaus in Mode, bei Herrn Achilles Farina kam noch hinzu, dass er Franz Joseph auch sonst zum Verwechseln ähnlich sah – und er selbst tat alles, um diese Ähnlichkeit zu unterstreichen. Vor allem durch das stolze Tragen seiner Uniform und durch seinen gepflegten Backenbart mit dem ausrasierten Kinn, der mit dem des Kaisers identisch war.

Der Doppelgänger und das Original: Achilles Farina (links) und Kaiser Franz Joseph

Der Mann mit dem schönen Namen Achilles Farina war gebürtiger Wiener mit italienischen Vorfahren. Geboren 1844, war er vierzehn Jahre jünger als der Kaiser und sein Leben lang immer irgendwie in dessen Nähe. 27 Jahre lang versah er in der k. k. Trabantenleibgarde seinen Dienst, um nach seiner Pensionierung als Amtsdiener in der Generalintendanz der Hoftheater weiterzuarbeiten und sich abends als Logenschließer im Burgtheater und in der Hofoper ein paar Kronen dazuzuverdienen. So war er zu seiner schmucken Billeteurs-Uniform gekommen, die der eines Angehörigen der k. k. Armee ähnelte.

Die größte Ähnlichkeit war in den Jahren nach der Jahrhundertwende festzustellen, als der Kaiser über siebzig und Herr Farina an die sechzig Jahre alt war und beide weißes, schütteres Haar respektive Backenbart trugen. Und so kam es, dass der eingangs erwähnte

Spaziergang des irrtümlich als Kaiser wahrgenommenen Herrn Farina ein skurriles Nachspiel hatte. Der Hauptmann der an diesem Tag vor der Hofburg aufgestellten Burgwache zog, als der falsche Kaiser näher kam, seinen Säbel und rief, wie es ihm angesichts des Erscheinens Seiner Majestät vorgeschrieben war, »Gewehr heraus«, worauf die Soldaten habt acht standen und ihre Gewehre in Stellung brachten, die zum Schutz des Monarchen dienen sollten.

Der Kaiser freilich war zu diesem Zeitpunkt in seinem Arbeitszimmer und wunderte sich über den Ruf »Gewehr heraus«, der üblicherweise nur zur Anwendung kam, wenn er durch den Burghof schritt. Franz Joseph ging also zum Fenster seines Arbeitszimmers, das zum Inneren Burghof hinausging, und sah fassungslos, dass da sein Ebenbild über den Platz ging. Schnell rief er seinen Adjutanten, der Franz Joseph peinlich berührt erklären musste, dass Herr Farina ein stadtbekanntes Wiener Original sei, das gerne als sein Doppelgänger durchs Leben schritt.

Der Kaiser lächelte gütig und erteilte dem Flügeladjutanten den Auftrag, Herrn Farina augenblicklich zu sich zu rufen. Der Adjutant gab den Befehl an einen Unteroffizier der Leibgarde weiter und der wiederum erwischte den Mann gerade, als er Richtung Schweizerhof einbiegen wollte. Im letzten Augenblick konnte Herr Farina noch aufgehalten und zum Kaiser befohlen werden.

Seit mehreren Jahren schon war Achilles Farina souverän als Kaiser »aufgetreten«, jetzt aber war er über alle Maßen aufgeregt. Er, der Amtsdiener und Logenschließer, sollte ins Allerheiligste, in die privaten Räumlichkeiten Seiner Majestät des Kaisers.

Man sagt, dass Franz Joseph nur selten gelacht hätte, doch als er jetzt seinem Ebenbild gegenüberstand und dabei den Eindruck hatte, in einen Spiegel zu schauen, lachte er laut und herzhaft auf.

Der Doppelgänger des Kaisers

Der Amtsdiener stand in seiner Uniform und in strammer Habtachthaltung vor seinem Kaiser und musste diesem nun von seiner militärischen Karriere berichten, in der er es bis zum Feldwebel gebracht hatte.

Musste dem Kaiser von seiner militärischen Karriere berichten: Achilles Farina in Uniform

»Haben Sie damals schon diesen Bart getragen?«, erkundigte sich der Kaiser.

»Nein, Majestät, erst als Amtsdiener und Logenschließer, und es war mein ganzer Stolz, da ich Eurer Majestät so zum Verwechseln ähnlich sah, auch deren Barttracht tragen zu dürfen.«

Der Kaiser lachte noch einmal, dann wurde Herr Farina entlassen. Vorher gab ihm der Monarch noch den Rat, in Zukunft die Umgebung der Hofburg zu meiden, damit es nicht wieder zu einer solchen Verwechslung käme. Farina war glücklich, so gnädig davongekommen zu sein, und hütete sich, die Geschichte an seinem Arbeitsplatz, der Generalintendanz, zu erwähnen.

Skurrile Spurensuche

Allerdings erzählte er in seinem Stammcafé *Bauer*, dem späteren Café *Heinrichhof*, dem Claquechef der Hofoper – er war für den bezahlten Applaus für die Sänger zuständig* – von seiner Allerhöchsten Begegnung.

Damit war klar, dass sich die Geschichte in Wien herumsprechen würde, und nach einigen Tagen rief ihn der Generalintendant der Hoftheater, Eduard von Wlassak, zu sich und befahl Herrn Farina, den Bart abzurasieren.

»Ausgeschlossen, Herr Generalintendant«, erwiderte der, »lieber gehe ich in Pension.«

Diese Weigerung meldete der Generalintendant dem Obersthofmeister, der wieder dem Kaiser Meldung erstattete. Doch Franz Joseph erklärte: »Warum denn so viele Geschichten machen? Wenn der Mann sonst seinen Dienst brav versieht, soll man ihm seinen Bart lassen, der ihm anscheinend so viel Freude macht!«

Herr Farina hat seinen Dienst in der Generalintendanz und als Logenschließer noch mehrere Jahre, bis zu seiner endgültigen Pensionierung, versehen. Der Mann, dem es so wichtig war, Franz Joseph ähnlich zu sehen, starb am 19. Mai 1917, nur sechs Monate nach seinem Kaiser, im Alter von 72 Jahren.

Eine österreichische Köpenickiade.

---

* Siehe auch Seiten 260–262

Der Einbrecher auf der Ansichtskarte
Ein fataler Fehler des Meisterdiebes

Joseph Honsa zählte im Wien der Jahrhundertwende zu den Geschicktesten in seinem Metier. Wobei sein Metier der Wohnungsdiebstahl war. Einmal freilich war der Geschickte sehr ungeschickt, ganz besonders sogar.

Honsa war an jenem 21. März 1902 wieder einmal »auf Tour«. Diesmal hatte er für seinen Beutezug *M. Koller's Gasthaus Zum Schlüssel* auf der Wieden auserkoren: Im ersten Stock nahm er die unbeaufsichtigt auf einem Tisch liegende silberne Taschenuhr des Wirten an sich. War's bisher ein Dutzendkriminalfall, so folgt jetzt das Kuriose an der Geschichte. Just als »Meisterdieb« Honsa das in der Rittergasse 3/Ecke Kleine Neugasse gelegene Haus verließ, stand vor dem Tor eine kleine Gruppe – bestehend aus Stammgästen und dem Wirtshauspersonal –, die sich, wie damals so beliebt, für eine dieser neumodischen Postkarten fotografieren ließ. Von dem Menschenauflauf überrascht, stellte sich Uhrendieb Honsa einfach dazu. Und wurde geknipst.

Als Gastwirt Koller den Verlust seiner Taschenuhr bemerkte, ging er sofort zur Polizei, wo man ihm nur wenig Hoffnung machte, sie je wiederzusehen, zumal Wohnungsdiebstähle damals weit verbreitet waren.

Tage später brachte der Fotograf sein Kunstwerk. Und der Wirt staunte nicht schlecht, als er auf dem Bild einen ihm völlig unbekannten Herrn mit Schnauzbart und »Stößer« am Kopf entdeckte. Den Kriminalisten freilich war sofort klar: Der Abgebildete musste der Dieb sein, der gerade im Moment der Aufnahme das Haus – den Tatort – verlassen wollte.

Ließ sich am Tatort fotografieren: »Meisterdieb« Joseph Honsa (ganz rechts) vor dem Gasthaus Koller *auf der Wieden*

Joseph Honsa war im Sicherheitsbüro kein Unbekannter: Sein Vorstrafenregister war beachtlich, noch öfter war der »Meisterdieb« aber mangels an Beweisen freigesprochen worden. Diesmal allerdings war jedes Leugnen zwecklos. Das Foto lieferte den eindeutigen Beweis. Honsa rückte die Uhr heraus – und landete im Häfn …

Der Suaheli-Dolmetsch, der kein Suaheli konnte
Eine Erinnerung an Wiens »Schwarzmarktkönig«

In der Akademiestraße, im Zentrum Wiens, gab es nach dem Zweiten Weltkrieg ein einzigartiges Lokal, das *Künstlerclub* hieß und die prominentesten Schauspieler, Sänger und Musiker der Stadt beherbergte. Curd Jürgens zählte mit seiner damaligen

Der Suaheli-Dolmetsch, der kein Suaheli konnte

Frau Judith Holzmeister ebenso zu den Stammgästen wie Inge Konradi, Senta Wengraf, Marcel Prawy und der Opernstar Hans Hotter. Im Mittelpunkt des Künstlertreffs stand sein Besitzer Alex Petko, dessen »Nebenjob« einer der Hauptgründe war, dass die berühmten Gäste immer wieder kamen: Herr Petko war Wiens »Schwarzmarktkönig« und verfügte daher über Köstlichkeiten, die man nach dem Krieg in anderen Lokalen nicht bekam. Whisky, Wein und Bier flossen in Strömen, und es gab Käse, Schinken und Salami. Zu den Gästen des *Künstlerclubs* zählte auch Susi Nicoletti, die mir einmal die skurrile Überlebensgeschichte des »Schwarzmarktkönigs« Alex Petko erzählte.

Petko war 1942 als junger Mann an die Front einberufen worden, und er wusste, was das zu bedeuten hatte: Überlebenschance eher unwahrscheinlich! Als er die Kaserne betrat, in der er sich zur Musterung einfinden sollte, sah er ein Hinweisschild mit der Aufschrift: »Dolmetscher melden sich Zimmer 14b.«

Er betrat den angegebenen Raum und erfuhr, dass mehrere Übersetzer für Englisch, Französisch und Russisch gesucht würden. Und einer für Suaheli – für jene besonders schwer zu erlernende Mundart aus der Gruppe der Bantusprachen also, mit der sich die Eingeborenen Kenias und Tansanias verständigen. Unnötig zu erwähnen, dass Alex Petko von dieser Sprache kaum je gehört, geschweige denn auch nur ein Wort beherrscht hätte. Doch die Angst vor der Front war größer als die vor der Prüfungskommission.

Der Beamte auf Zimmer 14b schickte Herrn Petko zu Wiens einzigem Suaheli-Experten, einem Universitätsprofessor, zwecks Überprüfung seiner Suaheli-Kenntnisse. Petko begab sich dorthin und erkannte innerhalb kürzester Zeit, dass der Prüfer von der ostafrikanischen Küstensprache ebenso wenig Ahnung hatte wie er selbst. Der Professor war aus demselben Grund auf seinen Posten gekommen, wie Herr Petko es nun vorhatte. Und der Professor fühlte sich dort so sicher, weil er nie im Leben gedacht hätte, dass irgendjemand in diesen Breiten des Suahelischen mächtig wäre.

Eine Hand wusch die andere – die beiden Herren haben einander selbstverständlich gegenseitig nicht verraten. Und so wurde Alex Petko der erste Suaheli-Dolmetsch der Welt, der kein Wort Suaheli konnte.

Er überlebte auf diese Weise den Krieg und eröffnete, als dieser endlich vorbei war, den *Künstlerclub* in der Akademiestraße. Susi Nicoletti erinnerte sich des Lokals auch deshalb besonders gerne, weil sie hier ihren späteren Mann Ernst Haeusserman kennengelernt hatte. Und eines Tages erzählte ihr Herr Petko seine Lebensgeschichte und somit auch von seiner lebensrettenden Karriere als Suaheli-Dolmetsch.

Das Geheimnis des Schnorrerkönigs
Poldi Waraschitz hat nie etwas bezahlt

Er war eines der großen Originale der Nachkriegszeit. Leopold »Poldi« Waraschitz hatte es sich zur Aufgabe gemacht, die Reichen und Schönen anzuschnorren und zwischen Kitzbühel, Cannes, München und Wien sehr gut davon zu leben.

Poldi Waraschitz residierte wie ein König und hat nie einen Groschen dafür bezahlt. Das erledigten für ihn Weltstars wie Liz Taylor, Claudia Cardinale, Curd Jürgens und Sophia Loren, die den Bonvivant zu ihren Premieren mitnahmen und ihm in noblen Restaurants Kaviar und Champagner spendierten.

Der Schnorrerkönig stammte aus einer armen Bauernfamilie in Lassee im Marchfeld und war eines von vierzehn Geschwistern. Nach einer Schneiderlehre schloss er sich einer Wanderbühne an und trat als Statist an Wiener Theatern auf. So lernte er Schauspieler wie Maxi Böhm, Heinz Conrads und die Familie Hörbiger kennen, durch die er auch mit anderen Stars in Kontakt kam. Waraschitz erledigte zunächst kleine Dienste für die Berühmtheiten, war eine Zeit lang Butler von Gunther Philipp, besorgte Flugtickets für Curd Jürgens. Sein wahres Talent hatte der im Jahr 1900 geborene Lebenskünstler aber schon im Berlin der 1920er-Jahre entdeckt: Er begeisterte die Lieblinge aus Film und Bühne mittels »Wiener Schmäh« und gewann sie als Freunde. Die Schauspieler schenkten ihm Freikarten ihrer Vorstellungen, die er dann weiterverkaufte.

In seinen unveröffentlicht gebliebenen Memoiren gab der Schnorrerkönig Einblick in die Kunst des Schnorrens: »Man sollte sich nie an die ganz Reichen wenden, die sind meistens knausrig«, schrieb er, »bei der guten Mittelklasse ist mehr zu holen«. Weiters gehörte es zu Poldis Maximen, »stets erstklassig gekleidet zu sein, es fand sich immer jemand, der mir Maßanzug, Hemd und Krawatte spendierte. Denn nur elegante Leute lässt man in gute Lokale. Man braucht kein Geld zu haben, man darf nur nicht so ausschauen, als ob man keines hätte.« Die Sakkos bekamen später seine Brüder und Neffen.

Menschenkenntnis, sagte Poldi Waraschitz, sei die wichtigste Voraussetzung für sein Gewerbe. »Man muss immer wissen, bei wem und auf welche Art man schnorrt.« Als er etwa zum Grand Prix von Monaco geladen war, rutschte Poldi im Swimmingpool eines

Skurrile Spurensuche

»Mein nächster Angehöriger«: Poldi Waraschitz (im Bild rechts) mit Curd Jürgens

Fünfsternehotels so unglücklich aus, dass er sich an der Hand verletzte. Vom behandelnden Arzt nach seinem nächsten Angehörigen gefragt, antwortete er fast wahrheitsgemäß: »Curd Jürgens!« Der kam dann auch für die Spitalskosten auf.

Als Hitler 1933 in Berlin an die Macht kam, übersiedelte Poldi nach Wien, wo man ihn in der *Eden*-Bar als »den besten nicht zahlenden Gast, den wir je hatten« bezeichnete. Doch es gab auch einen anderen Poldi Waraschitz, der jüdischen Freunden zur Ausreise verhalf. Eine Familie emigrierte nach Argentinien und ließ ihn nach der Nazizeit jedes Jahr in ihre neue Heimat kommen.

Kaum war der österreichische Film nach dem Krieg wiederauferstanden, luden ihn Stars und solche, die es werden wollten, zu den Premierenpartys, weil jedem klar war: Wer mit Poldi fotografiert wird, kommt in die Zeitung, zumal der Schnorrerkönig zeitweise populärer war als viele seiner Opfer. Oder, wie Poldi zu sagen pflegte: »Wer von mir noch nicht angepumpt wurde, der hat es nicht verdient, im *Who's Who* zu stehen.«

Zu seinen Gönnern zählten auch Robert Stolz, Senta Berger, Uschi Glas, Dietmar Schönherr, Paul Hörbiger und Hans Moser (bei dem er seine Meisterprüfung als Schnorrer ablegte, da der große Komödiant als besonders sparsam bekannt war). Und der »Hendlkönig« Friedrich Jahn gab ihm eine Karte, mit der er auf Lebenszeit in jedem *Wienerwald*-Lokal der Welt gratis essen und trinken konnte.

Man traf Poldi auch in Venedig, München, Acapulco, Hollywood, Las Vegas, beim Hahnenkammrennen in Kitzbühel und bei den Filmfestspielen in Cannes, wobei er Frankreich besonders liebte. Mit einer Einschränkung: »Wenn der Curd Jürgens nicht in Paris ist, merke ich erst, wie teuer dieses Land ist!«

Am Gipfel seiner Popularität hatte Poldi Waraschitz einen Status erreicht, der es ihm erlaubte, sich seine Förderer aussuchen zu können. Als sich der legendäre Playboy Gunter Sachs einmal in St. Moritz weigerte, mit Poldi fotografiert zu werden, verkündete der Schnorrerkönig dezidiert, »von Herrn Sachs keine Spenden mehr entgegenzunehmen«.

Seine Förderer waren es dann auch, die nach Poldis Tod im Jahr 1970 für die Begräbniskosten am Friedhof von Lassee aufkamen. Denn der Ruf, der Welt bester Schnorrer zu sein, verpflichtete über Poldis Grab hinaus.

Spurensuche in der Welt der Musik

Mozarts Vater
Wie Leopold das junge Genie förderte

Natürlich wäre Mozart auch ohne die Hilfe seines Vaters das Genie geworden, dessen Musik wir kennen und lieben. Und doch war Leopold Mozart eine wichtige Stütze für seinen Sohn, vor allem war er es, der das überragende Talent früh erkannt und gefördert hatte.

Leopold Mozart war am 14. November 1719 als Sohn eines Buchbindermeisters in Augsburg zur Welt gekommen, wo er das Jesuitengymnasium besuchte. Nach der Reifeprüfung übersiedelte er nach Salzburg, legte das Bakkalaureat der Philosophie ab und inskribierte danach Rechtswissenschaften. Er brach das Studium jedoch ab, um sich seiner wahren Berufung, der Musik, zuzuwenden.

Der Übersiedlung nach Salzburg verdanken wir es, dass sein Sohn Wolfgang Amadeus als »Österreicher« zur Welt kam. Wobei er eigentlich nie Österreicher war, denn als das Genie 1756 zur Welt kam, war Salzburg ein souveränes Erzbistum, das erst 1804 österreichisch wurde. Und da war Mozart nicht mehr am Leben.

Leopold wurde Violinist und Kammerdiener – das waren damals gleichrangige Berufe – des Domherrn Graf Thurn und Taxis.

Im Jahr 1747 heiratete Leopold Mozart die aus St. Gilgen stammende Anna Maria Pertl, die sieben Kinder zur Welt brachte. Fünf

»Nannerl« und Wolfgang Amadeus Mozart am Klavier, Vater Leopold mit Geige, an der Wand hängt ein Bildnis ihrer Mutter Anna Maria.

von ihnen starben als Säuglinge, nur Wolfgang Amadeus und seine Schwester Maria Anna, genannt »Nannerl«, erlebten das Erwachsenenalter. Mozarts Mutter Anna Maria starb, als Wolfgang 22 Jahre alt war.

Leopold Mozart schuf zahlreiche Kompositionen, von denen 250 erhalten sind. Geschichte schrieb er aber, weil er seinem Sohn »Wolferl« ab dessen viertem Lebensjahr Musikunterricht erteilte.

Wolfgang war noch nicht sechs Jahre alt, als sich Leopold entschloss, mit seinen beiden »Wunderkindern« – auch Nannerl war überaus talentiert – ausgedehnte Tourneen zu unternehmen. Sie kamen an die Höfe in Wien, Paris, London, in viele Adelspaläste und gaben öffentliche Konzerte, bei denen Wolfgang in einzigartiger Perfektion Klavier und Geige spielte.

Leopold Mozart war inzwischen Hof- und Cammer-Componist des Salzburger Fürsterzbischofs Leopold Anton Freiherr von Firmian geworden, brachte es aber zu seinem großen Bedauern zeitlebens nicht über diese Stelle hinaus. Er verdiente wenig und war daher auf die einträglichen Reisen mit seinen Kindern angewiesen, für die er sich ausgiebige Urlaube gewähren ließ. Als er anlässlich einer Frankreich-Reise um Urlaub ansuchte, wurde er fristlos entlassen, später aber wieder angestellt.

Mozarts Vater war ein hochgebildeter Mann, sein Buch *Versuch einer gründlichen Violinschule* wurde in mehrere Sprachen übersetzt. In seinen späten Jahren verschlechterte sich das Vater-Sohn-Verhältnis, vor allem, weil Leopold dagegen war, dass Wolfgang nach Wien ging und Constanze Weber heiratete. Wohl auch, weil das Genie auf diese Weise aus seinem Einflussbereich verschwand.

Leopold Mozart blieb bis zu seinem Tod am 28. Mai 1787 Hof- und Cammer-Componist am Hof des Salzburger Erzbischofs.

Das Verzeichnis des Herrn von Köchel
Wolfgang Amadeus Mozarts guter Geist

Man kennt das Köchelverzeichnis, das sämtliche Werke Mozarts zusammenfasst. Wer aber war Herr Köchel?

Nun, Ludwig Köchel kam am 14. Jänner 1800 – acht Jahre nach Mozarts Tod – als Sohn eines kirchlichen Güterverwalters in Stein an der Donau zur Welt. Nach dem Jusstudium wurde er »Prinzenerzieher« der vier Söhne Erzherzog Karls, die er in dessen Stadtpalais – der heutigen Albertina – unterrichtete.

Als die Kinder groß waren, wurde Ludwig Köchel »ehrenvoll entlassen« und in den Adelsstand erhoben. 42 Jahre alt, begab sich der nunmehrige Ritter von Köchel auf eine fünfjährige Forschungsreise, von der er eine wertvolle Mineraliensammlung mitbrachte (die er dem Gymnasium in Krems schenkte).

Verzeichnete 626 Kompositionen Mozarts: Ludwig von Köchel

Als Köchel 1848 Schulinspektor in Salzburg wurde, begann er sich eingehend mit dem Schaffen des größten Sohnes der Stadt zu beschäftigen und gab 1862 das *Chronologisch-thematische Verzeichnis sämtlicher Tonwerke W. A. Mozarts* heraus – von den ersten Klaviersonaten des Wunderkindes bis zum *Requiem* (Köchelverzeichnis 626), Mozarts letzter Komposition.

Spurensuche in der Welt der Musik

Köchels musikalisches Interesse ging weiter. Er veröffentlichte Beethoven-Briefe und schrieb ein Buch über die Wiener Hofmusikkapelle.

Nach dem Verzeichnis der Mozart-Werke fasste er die Kompositionen des kaiserlichen Hofmusikers Johann Joseph Fux zusammen, der eine Generation vor Mozart gelebt hatte.

Allerdings wäre Köchel wohl durch die Aufarbeitung des Fux-Œuvres nicht ganz so berühmt geworden wie durch das Verzeichnis der Werke Mozarts. Blieb doch von Fux im Lauf der Jahrhunderte nicht viel mehr übrig als diese Anekdote: Fux musizierte am Hof Kaiser Karls VI., des Vaters der Maria Theresia. Der Kaiser war derart musikbegeistert, dass er es sich nicht nehmen ließ, die Oper *Elisa* seines Hofkompositeurs Johann Joseph Fux höchstpersönlich aus der Taufe zu heben.

Fux war von der Wiedergabe seines Werks mithilfe des kaiserlichen Dirigentenstaberls so angetan, dass er – das strenge Hofzeremoniell außer Acht lassend – nach der Uraufführung ausrief: »Wie schade, dass Eure Majestät kein Virtuose geworden sind!«

Worauf der Kaiser erwiderte: »Macht nichts. Mir geht's auch so ganz gut!«

Auch wenn diese Anekdote keineswegs durch Herrn von Köchels Forschungsarbeit überliefert wurde, darf sie bei einer Würdigung seiner Person doch nicht fehlen. Der gute Geist der Mozart-Werke starb am 3. Juni 1877 im Alter von 77 Jahren in Wien.

Das Musikgenie und der Korse
Beethoven distanziert sich von Napoleon

Wien war nicht nur das Zentrum der internationalen Politik, sondern auch das der Musikwelt. Das musste so sein, damit der Wiener Kongress sprichwörtlich »tanzen« konnte. Dominiert wurde die Musikstadt aber nicht von einem Unterhaltungsmusiker, sondern vom Genie Ludwig van Beethoven. Der auch ein zutiefst politisch denkender Mensch war und sich daher intensiv mit dem Phänomen Napoleon auseinandersetzte. Der Kongress wurde ja 1814 wegen Napoleon einberufen – weil nach den von ihm so zahlreich geführten Kriegen die Grenzen Europas neu gezogen werden mussten.

Beethoven und Napoleon haben eine gemeinsame Geschichte, die in der *Eroica*, Beethovens dritter Sinfonie, ihren Ausdruck findet. Beethoven hatte das von 1802 bis 1804 entstandene Monumentalwerk zwar seinem Mäzen, dem Fürsten Lobkowitz, gewidmet (der ihm dafür 400 Gulden zahlte), doch führte die *Eroica* ursprünglich den Titel *Bonaparte*.

Beethoven verehrte den Korsen in diesen Jahren, weil er hoffte, dass er die Ideale von Freiheit, Gleichheit und Brüderlichkeit in Europa durchsetzen und »den Grund zu einem allgemeinen Weltenglück legen würde«. Der Komponist dachte ernsthaft daran, von Wien nach Paris zu übersiedeln und Napoleon die Noten der dritten Sinfonie persönlich zu überreichen.

Als er aber im Mai 1804 von Napoleons Plan erfuhr, sich zum Kaiser der Franzosen krönen zu lassen, war Beethoven dermaßen entsetzt, dass er das Wort »Bonaparte« am Titelblatt der dritten Sinfo-

Spurensuche in der Welt der Musik

Radierte das Wort »Bonaparte« vom Titelblatt der dritten Sinfonie: Ludwig van Beethoven

nie ausradierte. Und das so heftig, dass dort, wo auf dem Papier Napoleons Name stand, nur ein Loch übrig blieb. Das Handexemplar der Noten ist heute (samt Loch) im Besitz der Wiener Gesellschaft der Musikfreunde.

Der Zeitzeuge und Beethoven-Schüler Ferdinand Ries schreibt in seinen Erinnerungen: »Sowohl ich, als mehrere seiner Freunde haben diese Sinfonie – schon in Partitur abgeschrieben – auf Beethovens Tisch liegen gesehen, wo ganz oben auf dem Titelblatte das Wort ›Bonaparte‹ und ganz unten ›Louis van Beethoven‹ stand. Ich war der erste, der ihm die Nachricht brachte, Bonaparte habe sich zum Kaiser erklärt, worauf er in Wut geriet und ausrief: ›Ist der auch nichts anderes wie ein gewöhnlicher Mensch! Nun wird er auch alle Menschenrechte mit Füßen treten, nur seinem Ehrgeize frönen; er wird sich nun höher wie alle Anderen stellen und ein Tyrann werden!‹«

Das Jahr, in dem Napoleon sich zum Kaiser krönte, war für Beethoven auch von persönlicher Tragik gekennzeichnet, wurde dem 34-jährigen Genius doch mitgeteilt, dass er sein Gehör vollends verlieren würde.

Als zehn Jahre später der Wiener Kongress tagte, hatte Beethoven mit dem Kapitel Napoleon (der mittlerweile im Exil auf Elba saß) längst abgeschlossen.

»Von 9–12 und von 4–6«
Beethoven verkauft Eintrittskarten

Ludwig van Beethoven musste im Jahr 1815 sämtliche Konzertauftritte wegen seiner immer schlimmer werdenden Schwerhörigkeit aufgeben, drei Jahre später war er vollkommen taub. Bereits 1802 hatte er sein *Heiligenstädter Testament* verfasst, in dem er der Welt verzweifelt zurief: »O, ihr Menschen, die ihr mich für ... Misantropisch haltet ..., wie unrecht thut ihr mir, ihr wisst nicht die geheime ursache von dem, was euch so scheinet ... Bedenket nur, dass seit 6 Jahren ein heilloser Zustand mich befallen ... O wie hart wurde ich durch die verdoppelte traurige Erfahrung meines schlechten Gehör's dann zurückgestoßen, und doch war's mir noch nicht möglich, den Menschen zu sagen: sprecht lauter, schreit, denn ich bin taub!«

Man kann also davon ausgehen, dass Beethoven bereits 1814 an einer erheblichen Hörschwäche litt, sodass er kaum noch in der Lage war, seine eigenen Kompositionen zu hören. Dennoch komponierte er unermüdlich weiter, und er trat noch ein Jahr lang als Dirigent auf. Das Erstaunliche ist aber, dass Beethoven die Karten für seine Veranstaltungen höchstpersönlich in seiner Wohnung verkaufte. So fand sich ein Theaterzettel, der eine Akademie vom 29. November 1814 mit diesen Worten ankündigt: »Die Eintritt-Bilets sind von 9–12 Uhr vormittags und von 4–6 Uhr nachmittags in der Wohnung des Herrn L. van Beethoven auf der Mölkerbastey im kleinen Pasqualatischen Haus Nr. 94 im 1. Stocke und täglich bey der k. k. Hoftheaterkasse zu haben.«

Fast immer hoch verschuldet
Franz Schuberts Finanzlage

Was immer Franz Schubert anzupacken versuchte, um einem bürgerlichen Beruf nachzugehen und sein Leben bestreiten zu können, ging schief. Seine Stellung als Hilfslehrer an der Schule, an der sein Vater unterrichtete, gab er auf, weil ihm diese Tätigkeit keine Zeit zum Komponieren ließ. Es fanden sich kaum Verleger, die seine Kompositionen gedruckt hätten, und nur drei Bühnenstücke von Schubert wurden aufgeführt: *Die Zwillingsbrüder*, *Rosamunde* und *Die Zauberharfe*. Schuberts Bewerbung um den Direktionsposten an der Musikschule Laibach wurde ebenso abgelehnt wie sein Bemühen um die Stelle als Vizehofkapellmeister und als Dirigent am Kärntnertortheater.

Aber gerade dem tragischen Umstand, dass er keine feste Anstellung fand, verdanken wir die ungeheure Fülle seines Werks, denn

Fast immer hoch verschuldet

Er schuf mehr als tausend Lieder und andere Musikstücke: Franz Schubert

nur dadurch konnte sich Schubert praktisch Tag und Nacht seinen Kompositionen widmen. Obwohl Beethoven fast doppelt so alt wurde wie er, ist Schuberts Œuvre noch umfangreicher. In den wenigen Jahren, die ihm zur schöpferischen Arbeit blieben, schuf er weit mehr als tausend Lieder, Klavierstücke, Ouvertüren, Kammermusiken, Messen, Chöre, Tänze, Bühnenstücke sowie acht Sinfonien. »In einem halbdunklen, feuchten und ungeheizten Kämmerlein, in einen alten, fadenscheinigen Schlafrock gehüllt, frierend und komponierend«, so behielt ihn ein Freund in Erinnerung. »Die Schwierigkeiten seiner Lage lähmten seinen Fleiß und seine Lust durchaus nicht«, schreibt ein anderer, »er musste singen und komponieren, das war sein Leben.«

Allen Widrigkeiten zum Trotz brachte es Schubert zu einem gewissen Bekanntheitsgrad im biedermeierlichen Wien. Er gab Konzerte in privaten Salons und hatte einen prominenten

Freundeskreis, zu dem Franz Grillparzer und Moritz von Schwind zählten.

An der katastrophalen Finanzlage des fast immer hoch Verschuldeten änderte dies wenig, der »Liederfürst« konnte sich zeitweise nicht einmal ein Untermietzimmer leisten und musste bei Freunden oder Verwandten schlafen. Auch die letzten Wochen seines Lebens verbrachte er bei seinem älteren Bruder Ferdinand auf der Wieden, in der Kettenbrückengasse 6, zweiter Stock, Tür 17. »Ich werde wohl im Alter an die Türen schleichen und um Brot betteln müssen«, lautete ein Verzweiflungsschrei Schuberts.

Doch es gab kein Alter. Das Musikgenie verstarb am 18. November 1828 im Alter von 31 Jahren an Typhus, ein in der damaligen Zeit infolge der schlechten Trinkwasserqualität weitverbreitetes Übel.

Der erste Auftritt des »Walzerkönigs«
Die kulturhistorische Bedeutung des Dommayer

Seinen ersten Auftritt hatte Johann Strauss im *Casino Dommayer*, das dadurch in der Wiener Musikgeschichte eine besondere Rolle spielt.

Ferdinand Dommayer war ein bürgerlicher Kamm-Macher, ehe er die Tochter eines Herrn Reiter ehelichte, der in der Vorstadt Hietzing eine Jausenstation betrieb. So wurde der Erzeuger von Friseur-Utensilien zum Cafétier, der bald benachbarte Grundstücke dazukaufte und 1833 »unter Beteiligung der vornehmsten Gesellschaft« den großen Tanzsaal *Casino Dommayer* eröffnete.

Der erste Auftritt des »Walzerkönigs«

Dieser erlebte am 15. Oktober 1844 seine große Stunde, als hier der achtzehnjährige Johann Strauss Sohn mit seiner eben gegründeten Kapelle debütierte. Das war deshalb ein Ereignis, weil damals ein »Walzerkrieg« zwischen ihm und seinem Vater herrschte, der den Junior als Konkurrenz empfand und mit allen Mitteln verhindern wollte, dass er Musiker würde.

Als nun Strauss Sohn für sein Debüt auf Lokalsuche ging, sagten ihm sämtliche Tanzhallen-Besitzer ab, da es sich keiner von ihnen mit dem berühmten Strauss Vater verscherzen wollte, der nie wieder in einem Etablissement aufgetreten wäre, in dem sein Sohn spielte.

Einzig Ferdinand Dommayer hatte den Mut dazu. Und er sollte es nicht bereuen, denn der Auftritt des jungen Strauss wurde zur

Alle anderen Tanzhallen-Besitzer sagten ab: Johann Strauss' erster Auftritt im Casino Dommayer am 15. Oktober 1844

Sensation. Der spätere »Walzerkönig« dirigierte vor sechshundert Gästen teils eigene, teils fremde Melodien, darunter auch die *Loreley-Rhein-Klänge* des mit ihm »verfeindeten« Vaters. Während die Mutter im Publikum saß und stolz ihren noch etwas schüchtern und unbeholfen stehgeigenden Sohn bewunderte, hatte Strauss Vater einen »Spion« geschickt, der ihm alles berichtete.

Tage später langte beim k. k. Kreisamt Hietzing eine Beschwerde von Strauss Vater gegen den Auftritt des Sohnes ein, die jedoch abgewiesen wurde.

Das *Casino* wurde später von Ferdinand Dommayers Sohn Franz und von seiner Enkelin Luise geführt, ehe es 1908 abgerissen wurde.

Das heutige *Café Dommayer* in der Dommayergasse hat nichts mit dem einstigen Tanzsaal zu tun, in dem Johann Strauss debütierte. Anstelle des alten *Casinos* befindet sich das *Parkhotel Schönbrunn*.

Familienzwist im Hause Strauss
Wo sind Josefs Originalnoten?

Josef Strauss steht im Schatten seines populären Bruders, des »Walzerkönigs« Johann Strauss. Völlig zu Unrecht, denn auch unter seinen dreihundert Kompositionen findet sich eine Reihe genialer Werke.

Josef, der am 20. August 1827 als zweiter Sohn des Johann Strauss Vater und seiner Frau Anna, geb. Streim, in Wien geboren wurde, hatte zwar das Genie aller »Sträusse« im Blut, strebte aber zunächst keine musikalische Karriere an. Er besuchte vielmehr das

Familienzwist im Hause Strauss

War eigentlich Ingenieur: Josef Strauss

Polytechnische Institut (die heutige Technische Universität) und eine Architekturschule, danach arbeitete er als Bauzeichner. Im Jahr 1853 entwickelte Josef Strauss eine Straßenreinigungsmaschine, die allerdings nie gebaut wurde.

Wie sein um zwei Jahre älterer Bruder Johann hatte auch Josef Strauss in seiner Kindheit Klavier- und Harmonieunterricht erhalten und neben seiner technischen Ausbildung immer wieder kleinere Musikstücke komponiert. Als er 35 Jahre alt war, sprang Josef für seinen Bruder als Dirigent des Strauss-Orchesters ein, einige Jahre später gastierte er gemeinsam mit Johann in Pawlowsk bei St. Petersburg.

Mit der Zeit leitete er das von seinem Bruder geführte Strauss-Orchester immer öfter. Er gab seinen bürgerlichen Beruf auf und konzentrierte sich ganz aufs Dirigieren und Komponieren. Sein populärstes Werk ist der *Dorfschwalben-Walzer*.

Josef Strauss wurde nur 43 Jahre alt. Er brach während eines Konzerts in Warschau zusammen und wurde nach Wien gebracht, wo er am 22. Juli 1870 starb.

Nach Josefs Tod kam es zu einem Familienzwist, zumal Johann noch vor dem Begräbnis seines Bruders von einem Diener alle auffindbaren Noten des Verstorbenen aus dessen Wohnung abholen ließ. Ein großes Paket wurde weggeschleppt, das nie wieder auftauchte. Am 29. März 1886 – sechzehn Jahre nach dem Tod ihres Mannes – fragte Josefs Witwe Lina Strauss in einem Brief an ihren Schwager Johann nach dem Verbleib der Originalhandschriften, ohne diese je zurückzubekommen.

Der jüngste Bruder Eduard Strauss erklärte, er würde es seinem Bruder Johann durchaus zutrauen, Josefs Kompositionen als seine eigenen auszugeben. Musikforscher schließen nicht aus, dass Johann für seine drei Jahre nach Josefs Tod entstandene *Fledermaus* von diesem Melodien »entwendet« haben könnte. Dafür gibt es aber keinerlei Beweise.

Manch Blutiges um *Wiener Blut*
Dramen im Dreivierteltakt

Hinter dem Titel der Operette *Wiener Blut* verbirgt sich manch wahre Tragödie. Die erste betraf Johann Strauss Sohn, der die Uraufführung seines Werks nicht erleben sollte, er starb vier Monate davor im Alter von 73 Jahren. Der Musiker Adolf Müller jun. hätte *Wiener Blut* vorerst gemeinsam mit dem »Walzerkönig« arrangieren sollen, doch war dies wegen der schweren Erkrankung des Meisters nicht mehr möglich. Als dieser am 3. Juni 1899 einer Lungenentzündung erlag, begann Müller die Musik aus bestehenden Strauss-Werken zusammenzustellen.

Wiener Blut brachte auch den anderen Beteiligten kein Glück: Die zur Zeit des Wiener Kongresses spielende Operette hätte am Theater an der Wien uraufgeführt werden sollen, doch da sich Müller und die Librettisten Victor Léon und Leo Stein mit der Direktorin übers Honorar stritten, boten sie die Operette dem Carltheater auf der Praterstraße an.

Direktor Franz von Jauner griff begeistert zu, weil er annahm, mit der Musik des »Walzerkönigs« seine Bühne vor dem drohenden Konkurs retten zu können. Freilich wurde die Uraufführung am 26. Oktober 1899 trotz der zündenden Strauss-Melodien zum Fiasko. Als am Vormittag des 23. Februar 1900 der Buchhalter dem Direktor mitteilte, dass für die Auszahlung der Wochenlöhne kein Geld mehr verfügbar sei, griff Jauner zu jenem Revolver, mit dem sich sechzehn Jahre zuvor sein Bruder Lukas erschossen hatte, und jagte sich eine Kugel in den Kopf. Franz Jauners Nichte, die Schauspielerin Emilie Krall, schied wenig später ebenfalls durch Selbstmord aus dem Leben.

Mit dieser Katastrophenserie war die Ära der Goldenen Operette zu Ende gegangen, und doch sollte *Wiener Blut* nach dem blutigen Start noch seinen Siegeszug feiern: Seit ihrer Neubearbeitung im Jahr 1905 am Theater an der Wien zählt die Operette zu den beliebtesten Werken der leichten Muse.

Spurensuche in der Welt der Musik

Ein Bühnenunfall, der Geschichte schrieb
Maria Jeritza an der Hofoper

Maria Jeritza kam 1887 in Brünn zur Welt und begann im Chor des dortigen Stadttheaters, ehe sie Solorollen bekam. Es war kein Geringerer als Kaiser Franz Joseph, der sie im Jahr 1912 veranlasste, an die Wiener Hofoper zu kommen, nachdem er sie in Bad Ischl als Rosalinde in der *Fledermaus* erlebt hatte.

Nunmehr Mitglied des Wiener Opernhauses, kam es hier nach einem Jahr zu einem »Bühnenunfall«, der Operngeschichte schreiben sollte: Giacomo Puccini war in Wien, um persönlich die Proben seiner Oper *Tosca* zu überwachen. Unmittelbar vor dem Gebet der Tosca fiel die Jeritza durch eine ungeschickte Bewegung vom Sofa und blieb auf dem Boden liegen. Peinlich berührt, rief sie dem im Zuschauerraum sitzenden Komponisten von der Bühne her »Scusi, Maestro!« zu. Puccini, sichtlich angetan von der Situation, schrie zurück: »No, via, va bene così!« (»Nein, weiter, gut so!«) Also blieb die Jeritza während des Gebets auf dem Boden liegen – und so wird die Szene von vielen ihrer Nachfolgerinnen heute noch gesungen.

Bald gab die gefeierte Sopranistin Gastspiele an Europas großen Opernhäusern, und ab 1921 gehörte sie dem Ensemble der Metropolitan Opera in New York an. 1932 kehrte sie an die Wiener Oper zurück. Nach der Scheidung ihrer ersten kurzen Ehe hatte sie den Wiener Industriellen Leopold Popper von Podhragy geheiratet, mit dem sie jetzt Ecke Stallburggasse–Bräunerstraße in einer herrschaftlichen Wohnung residierte. Im selben Haus wohnten auch Hugo von Hofmannsthal, Max Mell, Alfred Polgar und Bundeskanzler Dollfuß.

Ein Bühnenunfall, der Geschichte schrieb

Hier noch auf dem Sofa: Maria Jeritza als Tosca

In diesem Zusammenhang sei eine kleine Geschichte erzählt, die Marcel Prawy verraten hat: »Oft zog die riesige Gemeinde der Jeritza-Fans nach einer Vorstellung an der nahen Staatsoper in die Stallburggasse und wartete, um der Gefeierten zujubeln zu können. Es kam vor, dass sich irrtümlicherweise Bundeskanzler Dollfuß an seinem Fenster zeigte, wobei es den Wartenden »peinlich war, ihm zu bedeuten, dass sie eigentlich nicht ihn gemeint hatten«.

Nach der zweiten Scheidung heiratete die Jeritza 1935 einen reichen amerikanischen Regenschirmfabrikanten, mit dem sie in den USA lebte. Sie starb dort am 10. Juli 1982 im Alter von 94 Jahren.

Wie die *Gräfin Mariza* entstand
Operettenerfolg beim dritten Anlauf

»Herr Kálmán, wir hätten eine großartige Idee für Sie, einen Stoff für eine Operette, der ein garantierter Erfolg wird.« Die beiden Herren, die im Jahr 1918 bei dem berühmten Komponisten vorsprachen, waren die Textdichter Alfred Grünwald und Julius Brammer.

»Also, schießen Sie los«, sagte Emmerich Kálmán.

»Ein verarmter Graf«, so Grünwald, »sitzt als Gutsverwalter in einem ungarischen Schloss und hat Sehnsucht nach Wien. Da kommt …«

»Um Gottäs willen«, unterbrach der Komponist mit seinem ungarischen Akzent, »dos is kein Stoff für Opärette, ist zu traurig, ich will Lustiges.« Und er schickte die Herren fort.

Kálmán ahnte nicht, dass sich damit der größte Erfolg seines Lebens um Jahre verzögern sollte. Doch zwei Jahre später klopften die Librettisten wieder an. »Ein junger Graf«, erklärten sie, »sitzt in einem ungarischen Schloss …«

»Ich hobe Ihnen schon gesogt, dos is kein Libretto. Finden Sie bässeren Stoff.«

Grünwald und Brammer nahmen ihn beim Wort und ließen sich etwas anderes einfallen. Sie schrieben *Die Bajadere*, zu der Kálmán die Musik schuf. Der Erfolg hielt sich in Grenzen.

Nach der Premiere standen die Herren wieder vor seiner Tür. »Junger Graf hat Sehnsucht nach Wien. Da …«

»Ja, Himmelkruzitürken«, explodierte Kálmán, »wie geht dänn der Unsinn weiter?«

Wie die Gräfin Mariza *entstand*

Musste zum größten Erfolg seiner Laufbahn überredet werden: Emmerich Kálmán

»Der Graf arbeitet als Verwalter auf einem Schloss, das einer Gräfin Mariza gehört. Er verliebt sich in sie ...«

»Gut«, meinte Kálmán, noch lange nicht überzeugt. Doch als er Grünwald und Brammer Tage später im Kaffeehaus traf, summte er ihnen eine Melodie vor, die ihm eben eingefallen war.

»Das ist ein Schlager«, zeigte sich Grünwald begeistert. Und im selben Moment fiel ihm der dazu passende Refrain ein: »Komm mit nach Varasdin!«

Aufgrund dieser einen Zeile stand fest: Einer der Beteiligten – es war der Buffo – musste in dem kroatisch-slawonischen Städtchen Varaždin zu Hause sein. Mit der Zeile und der zündenden Melodie begann Kálmán endlich, Gefallen an der Idee mit dem verarmten Grafen zu finden. Und er schrieb Schlager wie *Komm, Zigan; Wenn es Abend wird; Höre ich Zigeunergeigen* ...

Die *Gräfin Mariza* wurde zu einem der größten Erfolge der Operettengeschichte. Die Uraufführung am 28. Februar 1924 im Theater an der Wien dauerte sechseinhalb Stunden, von sieben bis halb zwei Uhr Früh, woran das Publikum »schuld« war, da es nach jedem Lied derart vehement applaudierte, dass es zu ständigen Wiederholungen kam.

Eine weitere Sensation des Abends war die Entdeckung eines neuen Komikers namens Hans Moser in der Rolle des Kammerdieners Penižek.*

Der letzte Wertgegenstand
Robert Stolz und der Gerichtsvollzieher

Robert Stolz litt, als er in den 1920er-Jahren mit seinem Operettentheater in der Wiener Annagasse pleiteging, unter akuter Geldnot. Das Einzige, das er noch besaß, war eine goldene Taschenuhr, und um wenigstens die zu retten, wandte er den folgenden Trick an: Wann immer der Gerichtsvollzieher Navratil kam – und das war in diesen Tagen oft der Fall –, wanderte die goldene Uhr vom Nachtkästchen des Komponisten auf das seines Freundes Otto Hein, mit dem er ein schäbiges Untermietzimmer teilte.

Das Ritual war immer dasselbe: Navratil läutete, Stolz wusste, dass der »Kuckuck« drohte, und die Uhr wurde auf Ottos Nachttisch platziert. Der Gerichtsvollzieher betrat das Zimmer, lächelte wohlwollend und sagte: »Ich seh schon, Herr Stolz, Ihr Nachtkastl is leer, bei Ihnen is nix zu pfänden.« Und ging wieder.

---
* Siehe auch Seiten 268–270

Der letzte Wertgegenstand

»Regen S' Ihna net auf, heut pfänd ich den Hein«: So kam Robert Stolz um seine goldene Taschenuhr.

Eines Tages war Navratil wieder da. Die Uhr wanderte, Robert Stolz schaute unschuldig – doch der Gerichtsvollzieher ging diesmal schnurstracks auf Otto Heins Nachtkastl zu. Und nahm die Uhr an sich.

»Was ist los, um Gottes willen?«, protestierte der fassungslose Robert Stolz.

»Regen S' Ihna net auf«, sagte Herr Navratil, »heut pfänd ich den Hein!«

Sprach's, steckte die Uhr ein und ging. Stolz war um seinen letzten Wertgegenstand gekommen.

Bald übrigens nicht nur um diesen. Freund Hein nahm ihm noch etwas ab: Seine damalige (zweite) Ehefrau Franzi Ressel machte sich mit dem Zimmergenossen des Komponisten auf und davon.

Die verhinderte *La Traviata*
Der Streit zwischen Karajan und der Callas

Nun sei eine Geschichte erzählt, die zwei Musikgenies des 20. Jahrhunderts betrifft: Herbert von Karajan, den bedeutendsten Dirigenten, und Maria Callas, die berühmteste Sängerin ihrer Zeit. Alles hatte so verheißungsvoll begonnen. Mit dem Wunder, dass Maria Callas im Frühjahr 1956 für drei Vorstellungen von Donizettis Schicksalsoper *Lucia di Lammermoor* an der Staatsoper nach Wien kam. Karajan, der designierte Staatsoperndirektor, hatte das Gastspiel der Mailänder Scala zustande gebracht.

Die 32-jährige Callas war der Star des Abends. Das Publikum tobte. Der 48-jährige Karajan hätte, so wurde hinter den Kulissen gemunkelt, »die Tigerin« gezähmt. Nie zuvor war die Wahnsinnsarie so gesungen worden wie von der Callas in Wien.

Die größte Sopranistin ihrer Zeit wusste, wem sie den Erfolg zu verdanken hatte. Und so fiel die griechische Göttin nach der letzten *Lucia*-Vorstellung am 16. Juni 1956 im nicht enden wollenden Schlussapplaus auf die Knie und küsste Karajan auf offener Bühne beide Hände.

Das Opernhaus raste, Presse und Publikum waren einer Meinung: Die *Primadonna assoluta* musste wiederkommen! Da auch die Callas den Erfolg wiederholen wollte, einigte sie sich mit Karajan, im Wiener Festspielsommer 1957 sieben Mal *La Traviata* zu singen. Abgemacht, mündlich fixiert, als wären solche Auftritte das Einfachste auf der Welt.

Waren sie aber nicht. Für den 4. Mai 1957 war die Vertragsunterzeichnung angesagt. Das Management der Callas forderte 2500 Dol-

Die verhinderte La Traviata

Nicht enden wollender Schlussapplaus nach einer denkwürdigen Aufführung an der Wiener Staatsoper: Herbert von Karajan und Maria Callas

lar pro Aufführung. Ausgeschlossen, empörte sich Karajan, sein Gegenangebot lautete: 1600 Dollar als Maximum.

Die Callas rief dem Direktor wütend zu: »Dann singen Sie die Violetta doch selbst!« Karajan zerriss den Vertrag vor den Augen der »Göttin«, die daraufhin wutschnaubend das Direktionszimmer verließ und sämtliche Türen mit lautem Knall hinter sich in die Angeln warf.

Von den geplanten sieben *Traviata*-Vorstellungen mit der griechischen Opernsängerin hat keine einzige stattgefunden.

So kann's kommen, wenn sich zwei Genies in die Haare geraten.

Spurensuche in der k. u. k. Welt

Die letzte Nacht in der Armesünderzelle
Die Abschaffung der Todesstrafe

Die Todesstrafe wurde in Österreich 1787 durch Kaiser Joseph II. abgeschafft, allerdings setzte man danach Sträflinge zu Zwangsarbeiten ein – etwa zum Schiffsziehen entlang der Donau –, die so grausam waren, dass man von einer »verlängerten Todesstrafe« sprach. 1795 wurde die Todesstrafe für Hochverrat und etwas später auch für andere schwere Verbrechen wieder eingeführt, und sie blieb bis zum Ende der Monarchie aufrecht.

Es gab genaue Richtlinien zur Exekution, die strikt eingehalten werden mussten. So verbrachten alle zum Tod Verurteilten die Nacht vor ihrer Hinrichtung in der »Armesünderzelle« des Landesgerichts, in der am letzten Abend die sogenannte Henkersmahlzeit serviert wurde. Die Häftlinge durften rauchen und Alkohol trinken – nicht genehmigt wurde aber der oft geäußerte letzte Wunsch, in der Zelle eine Prostituierte zu empfangen.

Am nächsten Morgen wurde der Verurteilte Punkt sieben Uhr von vier Wachebeamten, dem Kerkermeister und einem Priester in den Galgenhof des Landesgerichts geführt, wo ihn der Scharfrichter erwartete. Dies war in Wien von 1900 bis 1918 der ehemalige Kaffeehausbesitzer Josef Lang, der »im Dienst« einen schwarzen Salonanzug, Melone und Glacéhandschuhe trug.

Nun verlas der ebenfalls anwesende Richter das Urteil, das mit den Worten »Scharfrichter, walten Sie Ihres Amtes« endete. Während der Delinquent von den beiden Gehilfen auf den Galgen gehoben wurde, stand der Scharfrichter auf einer Treppe hinter dem Richtpflock, legte dem Todeskandidaten einen Strick um den Hals, der am oberen Ende des Galgens befestigt wurde, und befahl seinen Helfern, den Verurteilten an den Füßen zu ziehen. Ein jäher, plötzlicher Ruck – und dem Gesetz war Genüge getan.

Scharfrichter Lang war ein hoch angesehener Mann, an dessen Wohnungstür ein Messingschild mit der Aufschrift »Josef Lang, k. u. k. Scharfrichter« prangte. Er wurde als »gemütlicher und trinkfester Spezi« beschrieben, und da er auch Hauptmann bei der Freiwilligen Feuerwehr war, vermutete sein Biograf Oskar Schalk, dass er »vielleicht ebenso vielen Leuten das Leben gerettet hat, als er es in Ausübung seines Amtes nehmen musste«.

Nach dem Ende der Monarchie gab es die Todesstrafe auch in der Zeit des austrofaschistischen und des nationalsozialistischen Regimes. Endgültig abgeschafft wurde sie in Österreich 1950.

Verwandt mit Queen Victoria
Der erste Skandal im Hause Mensdorff-Pouilly

Der Name Mensdorff-Pouilly taucht auch in unseren Tagen auf – wenn auch nicht immer zur großen Freude der alten Adelsfamilie. Die Geschichte der Dynastie reicht bis ins 14. Jahrhundert zurück, und sie beginnt in der französischen Region Loth-

Spurensuche in der k. u. k. Welt

ringen. Als ein Baron Pouilly 1789 vor der Französischen Revolution ins Ausland flüchtete, nahm er, um unerkannt entkommen zu können, den Namen Mensdorff an. So kam es zu dem heute noch verwendeten Doppelnamen der Familie, deren verwandtschaftliche Beziehungen bis ins britische Königshaus reichen. Der prominenteste Angehörige des Hauses war Alexander Mensdorff-Pouilly, der es unter Kaiser Franz Joseph zum Außenminister brachte.

Er gelangte in diese Position, weil es dem Kaiser vorteilhaft erschien, dass der Graf mit dem britischen Königshaus verwandt war: Alexander Mensdorffs Großvater, der Herzog Franz von Sachsen-Coburg-Saalfeld, war gleichzeitig auch der Großvater der Queen Victoria. Zu dieser hatte Mensdorff mehr als verwandtschaftliche Beziehungen: Victoria wollte den Grafen ursprünglich sogar heiraten, wie der Mensdorff-Chronik zu entnehmen ist. Das wurde aber vom britischen Parlament abgelehnt, da er »nur ein Graf« war.

Die Mensdorffs waren 1818 in den österreichischen Grafenstand erhoben worden. Als der Kaiser dem Grafen Alexander Mensdorff 1864 die Stelle als Außenminister anbot, wehrte dieser ab: »Majestät, ich bin Offizier, aber kein Diplomat!« Doch da Franz Joseph keinen Widerspruch duldete, blieb ihm nichts anderes übrig, als den Posten anzunehmen. Immerhin ist aus Mensdorffs Amtszeit eine versuchte Großtat zu melden: Ehe die Monarchie in die Schlacht von Königgrätz taumelte, warnte der Außenminister mit prophetischen Worten, dass »dieser Krieg zur Zerstörung Österreichs führen könnte«. Hätte der Kaiser auf ihn gehört, wäre dem Land eine der schlimmsten Niederlagen seiner Geschichte erspart geblieben. Königgrätz war tatsächlich der Anfang vom Ende.

Doch Graf Mensdorffs Regierungszeit endete unrühmlich: Der Außenminister traf 1866 auf Schloss Nikolsburg mit dem deutschen

Reichskanzler Bismarck zu Verhandlungen zusammen. Als Bismarck dort abends sein Zimmer betrat, ertappte er Mensdorff, wie er in seinen geheimen Unterlagen stöberte. Bismarck verlangte die sofortige Entlassung des Grafen, zumal dieser illegal in sein Zimmer eingedrungen war. Der Eklat führte zu Mensdorffs Abberufung. Er selbst war nicht allzu traurig darüber und soll, als er des ungeliebten Postens enthoben wurde, gesagt haben: »Wenn ich das gewusst hätte, wäre ich schon früher in Bismarcks Zimmer eingestiegen!«

Der Kaiser überwies Unsummen
Die geheime Leidenschaft der Katharina Schratt

Katharina Schratt zählte zu den krankhaftesten Spielerinnen von Monte-Carlo. Die k. u. k. Hofschauspielerin verbrachte Jahr für Jahr zweieinhalb Monate im kleinen Fürstentum Monaco, um ihre Spielleidenschaft zu befriedigen. Und Kaiser Franz Joseph litt darunter – auch weil er sie immer wieder mit gigantischen Summen »auslösen« musste.

Am 23. Februar 1891, nur wenige Tage nach ihrer Ankunft, schrieb Franz Joseph an die Schratt nach Monte-Carlo: »Sie scheinen diesmal wieder arg gespielt zu haben. Wenn ich richtig zwischen den Zeilen lese, so haben Sie Ihr Reisegeld verspielt und werden daher welches pumpen müssen, um die Heimath wieder erreichen zu können.«

Der Kaiser ließ ihr in solchen Fällen Unsummen überweisen, worauf die Schauspielerin ihre Spiel- und Hotelschulden begleichen konnte. Die Schratt verlor jedes Mal ein Vermögen. Dafür entschädigte sie den Kaiser mit den von ihm so geliebten Tratschgeschichten vom Roulettetisch: »Sehr gerührt und unterhalten«, meldete er an die Schratt, »hat mich Alles, was Sie schreiben, um mich wegen Ihres Spiels zu beruhigen, oder viel mehr Sich rein zu waschen. Auf die Geschichten aus Monte-Carlo, die Sie mir in Wien erzählen werden, freue ich mich schon sehr.«

»Auf die Geschichten aus Monte-Carlo freue ich mich schon sehr«, schrieb der Kaiser an Katharina Schratt.

»Der Kaiser wollte ganz genau wissen, was die Tante im Spielsaal erlebt hatte«, erinnerte sich die Schratt-Nichte Katharina Hryntschak, die sie oft nach Monte-Carlo begleitet hatte. »Es waren ja alle dort. Die Rothschilds spielten, die elegante Gräfin Potocka oder Cäcilia, die Mutter des deutschen Kronprinzen. Am meisten hat der Kaiser sich aber gefreut, dass Victor Adler, der Führer der österreichischen Sozialdemokraten, ein leidenschaftlicher Spieler war. Darüber wollte Franz Joseph in allen Einzelheiten unterrichtet werden.«

Nun ist es aber so, dass die Spieler eine verschworene Gemeinschaft sind und über alle Gesinnungsgrenzen hinweg an den Roulettetischen eine Front gegen die »Nichtspieler« bilden. »Es war mir daher von meiner Tante und den anderen ausdrücklich verboten worden, außerhalb des Casinos auch nur ein Wort darüber zu verlieren, wer aller spielte. Für den Arbeiterführer Victor Adler wäre das ja sehr peinlich gewesen, wenn seine Spielleidenschaft in Wien publik geworden wäre. Der Kaiser war der Einzige, dem ich's erzählen durfte. Er hat schallend gelacht, wenn er gehört hat, dass Dr. Adler neben dem Louis Rothschild gesessen ist. Victor Adler hat ausschließlich mit Fünf-Francs-Stücken gespielt und war selig, wenn sich sein Einsatz einmal verdoppelt hat.«

Der Kaiser hingegen musste im Lauf der Jahrzehnte gigantische Summen an die Schratt nach Monte-Carlo überweisen.

»Ich gehöre nicht mehr zu dieser Welt«
Das einzige Interview, das die Schratt gab

Katharina Schratt, so sagt man, hat in ihrem ganzen Leben kein Interview gegeben. Außer einem. In der *Wiener Sonn- und Montagspost* ist es erschienen, im März 1932. Reporter des Berichts war der später berühmt gewordene Schriftsteller Hans Habe.

Er habe die »gnädige Frau« in ihrem Palais am Kärntner Ring getroffen, schreibt Habe. Sie war bei der Begegnung 77 Jahre alt, er 21 – und der Kaiser seit sechzehn Jahren tot.

Die Schratt erzählte, dass es ihr wirtschaftlich schlecht ginge. »Ich habe versucht, die Möbel der Ischler Villa zu verkaufen. Aus der Hietzinger Villa und dem Haus am Ring habe ich nichts verkauft.«

»Und Ihre Burgtheaterpension?«, fragte Habe.

»Sie wird nicht anerkannt, weil ich durch Heirat (mit dem Diplomaten Nikolaus von Kiss, Anm.) Ungarin wurde. Mein Vermögen hat man mir weggenommen.«

Sie sprach, ohne zu klagen, schreibt Hans Habe, und sie lächelte immer, wenn sie etwas Trauriges sagte. Wie etwa: »Ich gehöre nicht mehr zu dieser Welt. Man betet für ein langes Leben – doch man lebt zu lange.«

Viel Falsches sei über sie verbreitet worden, erklärte sie. »So viel, dass es beinahe hoffnungslos erscheint, es zu korrigieren. Ich habe keinen Grund zu schweigen, aber Angst, missverstanden zu werden. Es ist keine falsche Diskretion, keine Geheimniskrämerei – bloß Angst. Es klingt vielleicht unglaubwürdig, aber ich hätte gesprochen, wenn die Zeiten nicht so ganz anders geworden wären.«

Sie sprach dann vom Ersten Weltkrieg. »Es scheint der große Schmerz ihres Lebens zu sein, dass sie alles unternahm und nichts tun konnte, um seinen Ausbruch zu verhindern.«

Das wär ja eine echte Sensation. Dachte man bisher, die Schratt hätte dem Kaiser nur lustige Geschichten aus dem Burgtheater und vom Casino erzählt, so erfährt man durch Hans Habe, dass sie sich auch in die Politik einmischte. Und um ein Haar den Ersten Weltkrieg verhindert hätte!

»Weitere Fragen« hat Hans Habe »nicht gestellt«. Nur eins schreibt er noch: »Über den Kaiser haben wir nicht gesprochen.«

So viel ich weiß, liegt es am Reporter, welche Fragen in einem Interview gestellt werden. Hat Hans Habe vergessen, die Schratt über den Kaiser zu befragen? Sonderbar für einen so gefinkelten Autor, wie er es war.

Wir wollen ihm hier nicht unterstellen, dass er mit der Schratt nie gesprochen hat. Aber interessant ist's schon: Amerikanische Zeitungen boten ihr Millionen Dollar für ein Interview. Sie aber lehnte ab. Und gab einem 21-jährigen Journalisten eines, um mit ihm *nicht* über den Kaiser zu sprechen.

Der Bruder des Operettenkönigs
Die Geschichte des Generals Anton von Lehár

In den letzten Tagen der Monarchie komponierte Franz Lehár den *Baron Lehár Marsch*, den er seinem Bruder, einem führenden Offizier im Ersten Weltkrieg, widmete. Es erscheint seltsam, dass der General Anton Lehár geadelt wurde, der Komponist der *Lustigen Witwe* jedoch nicht.

Prinzipiell war vorgesehen, dass verdiente Beamte, Offiziere, Industrielle, Kaufleute, Wissenschaftler und Künstler in den Adelsstand erhoben werden konnten. Was die Künstler betrifft, hatte man in Österreich-Ungarn keine besonders glückliche Hand, wurden doch einige der bedeutendsten Schriftsteller und Musiker nie geadelt, etwa Franz Grillparzer, Johann Strauss und eben Franz Lehár.

Sehr wohl aber sein weit weniger berühmter Bruder: Anton Freiherr von Lehár war Regimentskommandant an der Isonzofront und wurde von Kaiser Karl mit dem Militär-Maria-Theresien-Orden ausgezeichnet, wodurch er automatisch Aufnahme in den Kleinadel fand.

Anton hatte ein sehr gutes Verhältnis zu seinem um sechs Jahre älteren Bruder Franz, der ihm, als er den *Baron Lehár Marsch* komponiert hatte, den folgenden Brief an die Front schickte: »Lieber Toni, noch nie bin ich mit solch einer Begeisterung an die Arbeit gegangen wie beim *Baron Lehár Marsch*. Dir damit eine Freude bereitet zu haben, ist mein schönster Lohn. Wenn es einmal, so Gott will, wieder ein Zusammensein gibt, dann will ich ihn Dir vorspielen, und die Nachwelt wird sich ein sicheres Urteil gebildet haben, was Ihr Braven im Krieg geleistet habt. Innigst Dein Franz.«

So gut das Einvernehmen der Brüder war, half der reiche Komponist seinem nach dem Zusammenbruch der Monarchie verarmten Bruder kaum. In seinen Erinnerungen schreibt Anton Lehár: »Die Unterstützungen seitens meines Bruders waren gering. Seine Frau überwachte seine Ausgaben, und wenn er mir (1922) tausend Kronen zusteckte, so fiel der Wert des Geldes rapide.« Die tausend Kronen kamen in der Inflationszeit ein paar Groschen gleich!

General Lehár zählte als enger Berater zu den letzten Getreuen Kaiser Karls, dem er über dessen Sturz hinaus verbunden blieb. Zu Ostern 1921 beteiligte sich Lehár am zweiten Restaurationsversuch, mit dem Karl die ungarische Krone zurückholen wollte. Nachdem dies misslungen war, flüchtete Lehár in die Tschechoslowakei und nach Deutschland. Nach Hitlers Machtergreifung in Berlin gründete Anton von Lehár in Wien einen Musikverlag, den er später seinem berühmten Bruder übergab.

Der Bruder des Operettenkönigs

»Die Unterstützungen seitens meines Bruders waren gering«: Anton von Lehár

Nach dessen Tod im Jahr 1948 betreute Anton den künstlerischen Nachlass von Franz Lehár und bewohnte fortan dessen Palais in der Nußdorfer Hackhofergasse. Anton Lehár war verheiratet, seine Ehe blieb kinderlos. Er starb 1962 mit 86 Jahren.

Spurensuche in der Welt des Kriminals

»Leben Sie wohl, Francesconi!«
Die Ermordung eines Geldbriefträgers

Kaum eine Kriminaltat erregte die Öffentlichkeit in der österreichisch-ungarischen Monarchie so sehr wie die Ermordung des Geldbriefträgers Johann Guga. Der Grund für die Erregung war, dass der Mörder aus besseren Kreisen stammte. Sein Name war Enrico Edler von Francesconi.

Der Täter war in Parma als Sohn eines hohen italienischen Offiziers zur Welt gekommen, hatte aber sein geerbtes Vermögen durch ungeschickte Spekulationen verloren, weshalb es ihm nicht möglich war, ein standesgemäßes Leben zu führen. So musste er sich nach Arbeit umsehen, und da er die deutsche Sprache gut beherrschte, nahm er einen Posten als kaufmännischer Angestellter bei einem Kärntner Großhandelshaus an.

In Klagenfurt lernte er die siebzehnjährige Karoline Jarnigg kennen, die sich in den auffallend gut aussehenden jungen Mann verliebte und bald ein Kind von ihm erwartete. Enrico von Francesconi träumte aber von einem Leben, wie es seinem Stande entsprach, von einem Leben in einer herrschaftlichen Wohnung oder einer prunkvollen Villa. Doch so viel Geld konnte er, das wusste der Edelmann, in Klagenfurt nicht verdienen. Und so übersiedelte er in die Reichshaupt- und Residenzstadt.

»*Leben Sie wohl, Francesconi!*«

Er kündigte seinen Posten, sagte seiner hochschwangeren Geliebten adieu und fuhr nach Wien, wo er sich im noblen Aziendahof am Graben Nr. 31 einquartierte. Der Wohnungsbesitzerin Baronin Marie Clementine von Mayer gegenüber gab er sich als neapolitanischer Seidenhändler namens Alfonso von Mendoza aus. Die falsche Identität macht klar, dass Francesconi von Anfang an daran dachte, ein Verbrechen zu begehen.

Er kaufte einen Revolver, fuhr in die Provinz und schickte sich selbst per Post einen kleinen Geldbetrag. Prompt kam der Geldbriefträger Johann Guga am 18. Oktober 1876 zu »Herrn von Mendoza«, der ihn zur Übergabe des Betrages und zur Erledigung der Formalitäten in seine Wohnung am Graben bat. Kaum war die Eingangstür geschlossen, schoss Francesconi den Postbeamten in die Schläfe. Dann nahm er dessen Brieftägertasche an sich und raubte deren Inhalt, insgesamt 3000 Gulden*.

Im Postamt wurde man nervös, als der 59-jährige Briefträger Johann Guga am Nachmittag noch immer nicht zurückgekehrt war. Die Polizei wurde verständigt und schickte mehrere Beamte zu allen Adressen, an denen Herr Guga an diesem Tag Geld zustellen sollte. Gegen Abend fand schließlich ein Polizist im Aziendahof Gugas Leiche.

Enrico von Francesconi hatte zu diesem Zeitpunkt längst das Haus verlassen und saß, als der Leichnam gefunden wurde, in einem Coupé erster Klasse der Südbahn. Polizeirat Breitenfeld von der Kriminalpolizei Wien ließ nun nach Angaben der Baronin Mayer eine Zeichnung des »Herrn von Mendoza« anfertigen, mit der die Iden-

---

* Die Summe entspricht laut Statistik Austria im Jahr 2020 einem Betrag von rund 37 000 Euro.

Spurensuche in der Welt des Kriminals

Der Mörder, ein Herr aus besseren Kreisen: Enrico Edler von Francesconi

tität des Täters festgestellt werden konnte. Die Zeitungen berichteten groß über den Fall, und so kam es, dass sich eine aus Klagenfurt stammende Frau bei der Polizei meldete und angab, Herrn von Francesconi wenige Tage vor der Tat am Graben gesehen und erkannt zu haben.

Die Polizeidirektion Klagenfurt wurde verständigt und fand bald Namen und Adresse der Karoline Jarnigg heraus. Francesconi war tatsächlich noch am Tag der Tat zu seiner – in der Sache ahnungslosen – Geliebten gekommen, hatte seinen zwei Wochen alten Sohn in die Arme genommen und war dann unbestimmten Zieles weitergereist. Er konnte schon am nächsten Tag in der Südtiroler Gemeinde Sterzing aus dem Zug heraus verhaftet werden.

Der Geldbotenmörder aus besserem Haus wurde wegen meuchlerischen Raubmordes zum Tod durch den Strang verurteilt und vom Kaiser nicht begnadigt. Er wurde am 17. Dezember 1876 hingerichtet.

Sein Rechtsanwalt Dr. Singer hatte sich davor noch am Galgen mit den später oft zitierten Worten von seinem Klienten verabschiedet: »Leben Sie wohl, Francesconi!«

Ein echter Mord im Burgtheater
Tödliches Drama während einer Vorstellung

Auf der Bühne des Wiener Burgtheaters haben zahlreiche Helden und Tyrannen ihr Leben gelassen. Sobald der Vorhang fiel, standen sie wieder auf, schminkten sich ab und gingen gemütlich nach Hause oder auf ein Glas Bier. Am 8. Mai 1925 kam es jedoch ganz anders, als während einer Vorstellung von Ibsens Drama *Peer Gynt* mehrere Schüsse fielen. Nicht auf der Bühne, sondern in der zweiten Loge im dritten Rang rechts. Die meisten Zuschauer dachten, dass die Schüsse zur Inszenierung gehörten, doch ein Mann aus dem Publikum war tot.

Der fünfte Akt von *Peer Gynt* hatte eben begonnen, als die 25-jährige Mazedonierin Mencia Carniciu aus ihrem Unterkleid eine Pistole zog und auf den Hinterkopf ihres vor ihr sitzenden Landsmannes Todor Panitsa schoss. Eine Kugel tötete den 42-jährigen bulgarisch-mazedonischen Freiheitskämpfer, weitere Personen, die in der Loge saßen, wurden verletzt.

Einer der Schauspieler dieser Aufführung war Philipp von Zeska, der den Kriminalfall in seinen Erinnerungen so schildert: »Peer Gynts Schiff war eben mit Hilfe der Bühnentechnik untergegangen, als ich aus den Wogen in der Rolle des ›Fremden Passagiers‹ auftauchte. Mein Satz lautete: ›Ich komme betreffs des Leichnams!‹ Da knallten Schüsse, und während einige Zuschauer in der Nähe der Loge, wo die Schüsse gefallen waren, entsetzt aufschrieen, dachte der übrige Teil des Publikums zunächst wohl an einen besonders drastischen Inszenierungs-Effekt.«

Als dann aber im Zuschauerraum das Licht anging, war allen klar, dass sich tatsächlich ein Vorfall ereignet haben musste. Die der Tat verdächtigte Mencia Carniciu wurde verhaftet.

In den Zeitungen tauchten Spekulationen über das Motiv auf. Einiges sprach für ein Eifersuchtsattentat. Denn Mencia Carniciu hatte eine Affäre mit dem nach einem Militärputsch in Bulgarien nach Wien geflüchteten Revolutionär. Als dieser eine andere Frau heiratete, fasste Mencia den Entschluss, ihn zu töten. Zur Ausführung des Plans lud sie ihr Opfer ins Burgtheater ein.

Es gab aber auch Hinweise auf ein anderes Motiv: Die Täterin war auch politische Weggefährtin Panitsas und wollte mit seinem Tod dessen angeblichen Verrat an den Serben bestrafen. Tatsächlich dürfte eine Mischung aus privaten und politischen Gründen ausschlaggebend gewesen sein.

Als Panitsas Leichnam aus dem Burgtheater gebracht war, forderte das Publikum durch lautes Klatschen die Fortsetzung der Aufführung. Man wiederholte den Beginn des fünften Akts, ließ aber Philipp von Zeskas Satz »Ich komme betreffs des Leichnams« weg. Auch die Schlussworte der Szene »Man stirbt nicht mitten im fünften Akt« unterblieben.

Die Täterin wurde zu acht Jahren schwerem Kerker verurteilt, aber wegen Haftunfähigkeit – sie litt an Tuberkulose – in das Sanatorium Himmelhof in Ober-St.-Veit eingeliefert, das sie nach wenigen Monaten als genesen verlassen konnte. Mencia Carniciu verschwand unauffällig aus Österreich und soll später geheiratet haben und mehrfache Mutter geworden sein.

Der Tod des Politikers Franz Schuhmeier
Mordanschlag am Wiener Nordwestbahnhof

Er zählte zu den großen politischen Talenten der noch jungen Sozialdemokratischen Partei und war der wortgewaltige Gegenspieler des Wiener Bürgermeisters Karl Lueger. Viele sahen in Franz Schuhmeier bereits das künftige Stadtoberhaupt, doch am 11. Februar 1913 wurde er in der Halle des Nordwestbahnhofs von einem politischen Gegner ermordet.

Franz Schuhmeier war 1864 als Sohn einer Wäscherin und eines Bandmachergesellen in Wien zur Welt gekommen. Als Arbeiter in einer Papierfabrik kam er mit der Sozialdemokratie in Kontakt und wurde im Alter von 26 Jahren in die Verwaltung der *Arbeiter-Zeitung* aufgenommen, für die er später auch schrieb. Gleichzeitig gründete Franz Schuhmeier den Raucherklub *Apollo*, hinter dem sich ein getarnter Arbeiterbildungsverein verbarg, der zur Keimzelle der Sozialdemokratie in Ottakring wurde.

Im Jahr 1900 wurden er und der spätere Wiener Bürgermeister Jakob Reumann als die beiden ersten sozialdemokratischen Gemeinderäte in den Wiener Landtag gewählt, Schuhmeier kam auch in den Reichsrat und in den niederösterreichischen Landtag. Er entwickelte sich innerhalb kürzester Zeit zu einem der beliebtes-

Spurensuche in der Welt des Kriminals

ten und gefürchtetsten Redner seiner Partei: Beliebt war er wegen seines wienerischen Humors, gefürchtet wegen der Hiebe, die er seinen politischen Gegnern versetzte.

Im Reichstag war er 1907 am Sturz des Heeresministers Julius von Latscher aktiv beteiligt, und im Dezember 1912 feierte Schuhmeier noch seinen letzten großen politischen Erfolg, als es ihm gelang, dem christlichsozialen Bürgermeister Josef Neumayer – er war der Nachfolger Karl Luegers – Korruption und Vetternwirtschaft nachzuweisen. Neumayer musste zurücktreten, wenn auch offiziell wegen seiner starken Schwerhörigkeit.

Am Abend des 11. Februar 1913 wurde der 48-jährige Franz Schuhmeier bei der Rückkehr von einer Wahlkundgebung in Stockerau in der Halle des damaligen Nordwestbahnhofs auf der Wiener Taborstraße erschossen. Der Täter war kein Geringerer als Paul Kunschak, der Bruder des christlichsozialen Abgeordneten Leopold Kunschak. Er hatte im Zustand einer schweren Depression gehandelt, wurde aber dennoch zum Tod durch den Strang verurteilt und hingerichtet.

Sein Mörder wurde zum Tod durch den Strang verurteilt und hingerichtet: der Politiker Franz Schuhmeier

An Schuhmeiers Beerdigung am Ottakringer Friedhof nahmen mehr als eine Viertelmillion Menschen teil, das Begräbnis wurde zu einer der größten Massenkundgebungen in den letzten Jahren der Monarchie.

Das Attentat an der Universität Wien
Zum Tod von Professor Moritz Schlick

Professor Schlick war Physiker und einer der führenden Philosophen seiner Zeit. Er war ein enger Freund Einsteins, dessen Relativitätstheorie er als einer der Ersten verstand und in ihrer Bedeutung erkannte.

Am Vormittag des 22. Juni 1936 lief der 54-jährige Professor die Haupttreppe der Universität Wien hinauf, um zu einer Vorlesung zu eilen. An der Stiege erwartete ihn der Philosoph Dr. Hans Nelböck. Er zog eine Pistole und streckte den Professor mit mehreren Schüssen nieder. Schlick brach tot zusammen.

Der 33-jährige Attentäter ließ sich widerstandslos festnehmen und legte vor der Mordkommission ein umfassendes Geständnis ab. Wie sich im Zuge der Ermittlungen herausstellte, gab es für die Tat gleich mehrere Motive: Nelböck war einst Moritz Schlicks Student gewesen, er hatte den berühmten Professor und Gründer des liberalen *Wiener Kreises* sogar verehrt, sich dann aber von ihm abgewendet, zumal Moritz Schlick wegen seiner weltweit anerkannten *Positivistischen Lehre* in Österreich von Deutschnationalen und Austrofaschisten zusehends angefeindet wurde.

Spurensuche in der Welt des Kriminals

Bei der Gerichtsverhandlung im Mai 1937 kam auch ein privater Hintergrund des Attentats zur Sprache: Hans Nelböck hatte sich während des Philosophiestudiums in seine hübsche Studienkollegin Sylvia Borowitzka verliebt und gehofft, diese würde seine Gefühle erwidern. Doch sie eröffnete ihm, dass sie mit Professor Schlick liiert sei. Für Nelböck brach eine Welt zusammen, und sein Lehrer wurde ihm zum Feindbild. Er drohte mehrmals, ihn zu ermorden, worauf Professor Schlick Anzeige erstattete und Nelböck in die Heilanstalt am Steinhof gesperrt wurde.

Der Täter drohte mehrmals, ihn zu ermorden: Professor Moritz Schlick

Die Aufenthalte in der Psychiatrie standen dem jungen Philosophen wiederum bei seiner Karriere im Wege, insbesondere wurde er als Vortragender an den Volkshochschulen, ein Posten, um den er sich beworben hatte, abgelehnt. Der psychopathische Hass auf Moritz Schlick, dem er die Schuld an seinem privaten und beruflichen Scheitern gab, wurde immer größer, bis es zu den Ereignissen vom 22. Juni 1936 kam.

Nelböck wurde zu zehn Jahren schwerem Kerker verurteilt, jedoch nach dem »Anschluss« an Hitler-Deutschland freigelassen. Er starb 1954 im Alter von 51 Jahren in Wien.

Gedenktafeln an Moritz Schlicks Wohnhaus in der Prinz-Eugen-Straße und im Hauptgebäude der Universität Wien erinnern heute noch an das Mordopfer, der Schlickplatz und die Schlickgasse in Wien-Alsergrund sind jedoch nach einem General aus dem 19. Jahrhundert benannt.

Der Mord beim Hochstrahlbrunnen
Ein ungeklärter Kriminalfall

Ilona Faber war eine bildhübsche junge Frau, die kurz vor dem Abschluss ihrer Ausbildung an einer Wiener Mannequinschule stand. Am 14. April 1958 sah sich die 21-Jährige im Schwarzenberg-Kino den Elvis-Presley-Film *Gold aus heißer Kehle* an, danach ging sie über den Schwarzenbergplatz in Richtung Hochstrahlbrunnen, wo sie von einem Unbekannten hinter das »Russendenkmal« gezerrt, sexuell missbraucht und erwürgt wurde.

Das »Denkmal für den unbekannten Sowjetsoldaten« erinnert an die Befreiung Wiens durch die Rote Armee im Jahr 1945. Der Polizeibeamte, der hier an diesem Abend routinemäßig Wache stand, bekam die Tat nicht mit, er hatte jedoch einen Verdächtigen gesehen, der bald ausgeforscht werden konnte. Es war der dreißigjährige Beschäftigungslose Johann G., dessen Fußspuren mit denen hinter dem Hochstrahlbrunnen identisch waren.

Spurensuche in der Welt des Kriminals

*Zeichnerische Rekonstruktion der letzten Minuten
Ilona Fabers vor dem Russendenkmal*

Der Fall sorgte auch deshalb für großes Aufsehen, weil das Opfer die Tochter des angesehenen Ministerialrats Dr. Ludwig Faber, eines engen Vertrauten des damaligen Handelsministers Fritz Bock, war. Der Minister ging aus Solidarität mit seinem Mitarbeiter so weit, »die Wiedereinführung der Todesstrafe für Sexualverbrecher« zu fordern. Dies sei, erklärte der Minister in einem Interview, »im Sinne der öffentlichen Sicherheit in unserer Stadt angemessen«.

Obwohl der mehrfach vorbestrafte Johann G. an Beziehungen mit Frauen kaum je Interesse hatte – er war zeitweise als »Strichjunge« im Homosexuellenmilieu tätig –, gab es mehrere Indizien, die ihn schwer belasteten. So wurde ein Ohrring, den Ilona Faber am Tag ihres Todes getragen hatte, vor einem Lokal am Wiener Naschmarkt gefunden, in dem der Verdächtige Stammgast war. Und auf der Brust des Opfers fand sich ein Gebissabdruck, der dem des Johann G. ähnlich war.

Der Mord an Ilona Faber wurde zum ersten großen Kriminalfall, über den das noch junge Fernsehen umfangreich berichtete. TV-Zuseher und Zeitungsleser verfolgten den Prozess, in dem Johann G. erklärte, sich nur deswegen beim Russendenkmal aufgehalten zu haben, weil er dort eine Tasche versteckt hatte, die er nicht ständig mit sich tragen wollte.

Das Gericht kam zu einem denkbar knappen Ergebnis: Vier Geschworene hielten G. für schuldig, vier waren von seiner Unschuld überzeugt. Er wurde somit im Zweifel freigesprochen.

War er wirklich unschuldig? Vier Jahre nach der Tat starb ein Mann, in dessen Wohnung ein Schuh der Ermordeten gefunden wurde. Und 2002 behauptete eine Wienerin, dass ihr mittlerweile verstorbener Mann Eduard S. ihr gleich nach der Tat gestanden hätte, Ilona Faber ermordet zu haben.

Das Verbrechen blieb somit ungeklärt. Mithilfe der heutigen DNA-Analysen und anderer Mittel der modernen Kriminaltechnik wäre die Ausforschung des Täters vermutlich möglich gewesen.

Spurensuche bei prominenten Wien-Besuchern

Kaiser trifft Papst
Joseph II. bleibt unnachgiebig

Es war eines der größten Spektakel im alten Wien. Hunderttausend Menschen säumten die Straßen der Stadt, um den Heiligen Vater aus nächster Nähe sehen zu können. Papst Pius VI. nahm die beschwerliche, mehr als dreiwöchige Reise von Rom nach Wien auf sich, um den Kaiser davon abzubringen, zahlreiche Klöster zu sperren und damit der katholischen Kirche in Österreich ein Gutteil ihrer Bedeutung zu nehmen.

Das Aufsehen war schon deshalb groß, weil noch nie ein Papst Wiener Boden betreten hatte. Pius VI. brach am 27. Februar 1782 mit seiner päpstlichen Kutsche in Rom auf und traf am 22. März in Wien ein. Begleitet wurde er von achtzehn Personen, darunter mehrere Minister und Bischöfe.

Am Freitag vor dem Palmsonntag erwartete Joseph II. den Papst in Neunkirchen. Die Begrüßung war herzlich, der Kaiser lud Pius VI. ein, während der Fahrt nach Wien in seiner Karosse Platz zu nehmen. An der Stadtgrenze, bei der Spinnerin am Kreuz, erwarteten ihn Gardesoldaten, bei der Bellaria der päpstliche Nuntius und der Wiener Erzbischof Migazzi. Alle Minister, Geheimen Räte und Kämmerer geleiteten den Gast in seine Gemächer in der Hofburg. Joseph hatte dem Papst das ehemalige Schlafgemach seiner zwei

Der erste Papst, der Wiener Boden betrat: Pius VI. und Kaiser Joseph II.

Jahre zuvor verstorbenen Mutter Maria Theresia zur Verfügung gestellt.

Entlang der Straßen, durch die die Kolonne fuhr, drängten sich die Neugierigen, liefen weite Strecken nebenher und schauten beständig ins Innere der pferdebespannten Wagen. Vor vielen Häusern errichteten geschäftstüchtige Bürger Tribünen, von denen aus man gegen ein entsprechendes Entgelt die Vorbeifahrenden bewundern konnte.

Pius VI. hielt sich fast vier Wochen in Wien auf, er besuchte die namhaften Kirchen der Stadt, las etliche Messen und segnete am Sonntag nach Ostern von der Hofburg aus etwa 50 000 Gläubige, die aus allen Teilen der Monarchie herbeigeströmt waren.

Joseph II. ließ sich als Begleiter des Papstes wegen eines Augenleidens meist durch seinen jüngsten Bruder Maximilian vertreten, die Verhandlungen über die schwebenden Fragen überließ der Kaiser dem Grafen Philipp Cobenzl.

Der Vizestaatskanzler handelte natürlich im Auftrag Josephs. Und der blieb in der Sache unnachgiebig. Österreich hatte die Auflösung jener Orden angekündigt, »die sich nicht mit Krankenpflege und Jugenderziehung beschäftigen, also dem Nächsten ganz und gar unnütz sind«. Unter den aufzulassenden Orden befanden sich Karmeliterinnen, Kapuzinerinnen, Franziskaner, Dominikanerinnen und Benediktinerinnen. Bis 1786 wurden in Österreich und Ungarn mehr als siebenhundert Klöster geschlossen und in Spitäler, Nervenheilanstalten, Arbeiterwohnungen, Kasernen und Verwaltungsgebäude umgewandelt. Von dieser Maßnahme waren 36 000 Ordensleute betroffen. Dennoch blieben 1824 Klöster bestehen, in denen 27 000 Mönche und Nonnen wirkten.

»Wir sind von der Richtigkeit Unserer Ansichten in Kirchensachen so überzeugt«, ließ der Kaiser dem Papst ausrichten, »dass es nicht möglich ist, etwas auszusinnen oder beizubringen, was Uns eines anderen bereden oder von Unserem Unternehmen abzusehen jemals bewegen könnte«.

Papst und Kaiser schieden, obwohl sie einander ein hartes Gefecht geliefert hatten, als Freunde, die einander trotz aller Gegensätze schätzten. Auf der Rückreise las der Papst im Augustinerkloster zu Mariabrunn in Hadersdorf die Abschiedsmesse, bei der Joseph II. ministrierte. Aber schon am folgenden Tag erschien im Kloster ein kaiserlicher Kommissar, der den Mariabrunner Mönchen verkündete, dass über Befehl des Kaisers auch ihr Kloster aufgelassen würde.

»Am nächsten Tag war sie weltberühmt«
Die Entdeckung der Eleonora Duse in Wien

Man zählt »die Duse«, wie sie allgemein genannt wurde, zu den bedeutendsten Schauspielerinnen aller Zeiten. Sie galt als Inbegriff großer Schauspielkunst. Eleonora Duse, so sagte man, spielte ihre Rollen nicht, sie lebte sie. Und zwar so intensiv, dass jede Gefühlsregung für sie gefährlich zu werden drohte. Egal, ob sie weinte oder lachte, sie tat es mit solcher Hingabe, dass ihre Umwelt sich ernsthaft um ihre Psyche sorgte. Die realistische Darstellung war ihre Stärke, doch das Mitleben in jeder Rolle machte ihr Leben zur Hölle.

Die Duse wurde am 3. Oktober 1858 als Tochter umherziehender Komödianten im Königreich Piemont-Sardinien geboren und stand als Vierjährige zum ersten Mal auf einer Bühne. Nach ihrem Durchbruch als Ophelia in Shakespeares *Hamlet* schloss sie sich einer Schauspieltruppe an, mit der sie in amerikanischen und europäischen Städten gastierte. Der Wiener Dramatiker Hermann Bahr trug wesentlich zu ihrem Ruhm bei, als er sie in St. Petersburg sah und ihren Auftritt in der *Frankfurter Zeitung* als »einen der stärksten Eindrücke meines Lebens« bezeichnete.

Nun wurde man in Wien auf sie aufmerksam, wo sie bald als *Kameliendame* am Carltheater gastierte. Und wieder schrieb Hermann Bahr über sie: »Am ersten Abend spielte sie vor leerem Haus, am nächsten Tag war sie weltberühmt.«

Mit der *Kameliendame* wagte es die Duse, sich dem direkten Vergleich mit ihrer großen Rivalin Sarah Bernhardt* zu stellen. Wäh-

---

* Siehe auch Seiten 95–97

Gastierte mit sensationellem Erfolg in Wien: Eleonora Duse

rend die um vierzehn Jahre ältere Tragödin – wie die meisten Schauspielerinnen damals – noch mithilfe des *Handbuchs der Bühnenposen* auftrat und jede darin empfohlene Bewegung sklavisch nachahmte, ignorierte die Duse derartige Hinweise und verließ sich auf ihre Gestik, ihre Ausdrucksstärke und ihre Intuition. Ihr modernes Spiel verhalf der damals jungen Literatur zum Erfolg – so auch den Dramen des Gabriele D'Annunzio, mit dem sie eine leidenschaftliche Affäre hatte.

So intensiv die Duse spielte, so intensiv lebte und liebte sie auch. Die Affäre mit D'Annunzio, der ein egozentrischer Sonderling war, stürzte sie ins Verderben. Als sie nämlich eines Tages erfuhr, dass er ihre intimen Briefe und Liebesschwüre literarisch verwertete und damit an die Öffentlichkeit ging, war die Duse tief getroffen und beendete die Verbindung. Kurze Zeit später zog sie sich – nach einer umjubelten Welttournee – vollkommen vom Bühnenleben zurück. Ihre letzte Vorstellung am 25. Jänner 1909 in Berlin war ein kulturelles und gesellschaftliches Großereignis.

Umso schlimmer die Enttäuschung, als sich die Duse zwölf Jahre später aufgrund finanzieller Schwierigkeiten gezwungen sah, doch wieder aufzutreten. Nicht mehr in der Lage, an die Erfolge von einst anzuschließen, unternahm sie dennoch eine weitere Amerika-Tournee, in deren Rahmen sie am 1. April 1924 in Pittsburgh ankam. Dort erlag sie, 65 Jahre alt, einsam und verbittert, in ihrem Hotelzimmer einer Lungenentzündung.

Ihr Ruhm und ihr Mythos bleiben bis heute aufrecht.

Die große Rivalin der Duse
Das abenteuerliche Leben der Sarah Bernhardt

Wie die Duse wurde auch Sarah Bernhardt als größte Schauspielerin aller Zeiten bezeichnet. Wer sie nicht gesehen hat – so erklärten Theaterbesucher –, der konnte den Zauber, der von dieser Frau ausging, nicht erklären.

Sarah Bernhardt hat zwar im Alter ihre Memoiren geschrieben, doch als eine andere Autorin ihre Biografie veröffentlichte, war sie dermaßen verärgert, dass sie mit einer Reitpeitsche auf sie einschlug.

Kein Wunder, dass die Bernhardt nur ihre Version ihrer Lebensgeschichte erzählen wollte: Sie war 1844 in Paris als Tochter einer holländischen Modistin zur Welt gekommen, die so viele Liebhaber hatte, dass nie feststand, wer Sarahs Vater war. Als sie vierzehn war, hatte ihre Mutter eine Affäre mit einem Halbbruder Napoleons III., der ihr das Schauspielstudium ermöglichte.

Schnell schien Sarah an der renommierten Comédie-Française Karriere zu machen, doch als sie sich mit einer Kollegin prügelte, wurde sie entlassen und musste jahrelang unbedeutende Rollen spielen. Mit neunzehn von einem Gastspiel schwanger heimgekehrt, war ihre Mutter – trotz ihres eigenen Lebenswandels – derart erbost, dass sie die Tochter aus der gemeinsamen Wohnung warf.

Die Rolle ihres Lebens war, wie auch bei der Duse, Alexandre Dumas' *Kameliendame*, mit der Sarah Bernhardt in aller Welt Furore machte. Sie gab die Kurtisane, die einen Bürgerlichen liebt, erstmals mit 36 und war so glaubhaft, dass sie die Rolle bis ins hohe Alter spielen konnte.

Alle ihre Vorstellungen waren ausverkauft: die große Sarah Bernhardt

1882 heiratete sie einen Griechen, doch die Ehe ging schief, und er starb an seiner Morphiumsucht. Sarah Bernhardt spielte mehr, als ihr guttat – weil ihr Sohn Unmengen am Spieltisch verlor. Sie schwebte in einem Fesselballon, führte in Paris einen Panther spazieren und schlief in Amerika in einem Sarg. Derartige Reklamegags führten – neben ihrer genialen Spielkunst – dazu, dass alle ihre Vorstellungen ausverkauft waren.

Der Bernhardt wurde nachgesagt, »ihre Begabung, uns etwas vorzuspielen, sei so außergewöhnlich wie ihre sensationell schlanke Figur«. Anlässlich eines Wien-Gastspiels schrieb ein Kritiker: »Sie ist eine so perfekte Lügnerin, dass es mich nicht wundern würde, wenn sie in Wahrheit dick wäre.«

Als ihr im Alter aufgrund einer Knieverletzung ein Bein amputiert werden musste, spielte sie mit einer Prothese weiter. Mit 79 Jahren brach sie bei Filmdreharbeiten zusammen und starb elf Tage später, am 26. März 1923.

»Lügen Sie doch einfach!«
Mark Twains Wien-Aufenthalt

Als Mark Twain am 28. September 1897 in der k. u. k. Residenzstadt eintraf, wurde er – wie es ihm als weltberühmtem Autor zustand – von Kaiser Franz Joseph in Audienz empfangen. Dem Schöpfer der Romane *Tom Sawyer* und *Huckleberry Finn* gefiel es hier so gut, dass er nach achtmonatigem Aufenthalt im Hotel *Métropole* am Franz-Josefs-Kai noch immer nicht heimkehren wollte und sich im Sommer mit seiner Frau und seinen beiden Töchtern in Kaltenleutgeben einquartierte.

Als er dort die Nachricht von der Ermordung der Kaiserin Elisabeth vernahm, eilte er sofort nach Wien, um am Trauerzug teilzunehmen. Er mietete sich diesmal im Hotel *Krantz* am Neuen Markt ein, von dessen Fenstern er der Beisetzung in der Kapuzinergruft zusehen konnte. Im *Krantz* blieb er nicht zuletzt, »weil im Vestibül ein schönes Porträt von mir hing, woran wir erkennen, dass man in diesem Hotel guten Geschmack hat«, wie er in seinen Memoiren schreibt. Aber auch, weil der Hotelbesitzer Josef Krantz erkannt hatte, dass Twains Anwesenheit »die beste Reklame ist, die man haben kann« und ihm deshalb eine aus acht Zimmern bestehende Suite zu einem Sonderpreis überließ.

Blieb ein halbes Jahr in Wien: der weltberühmte amerikanische Schriftsteller Mark Twain

Mark Twain blieb bis Mai 1899, um dann endgültig nach Amerika zurückzukehren, da sich der Gesundheitszustand seiner an Epilepsie leidenden Tochter Jean verschlechtert hatte.

Der für seinen deftigen Humor bekannte Schriftsteller hinterließ von seinem Österreich-Aufenthalt die folgende Episode: Als Bestsellerautor immer im Mittelpunkt nobler Gesellschaften, nahm er einmal bei einem Diner neben der Gemahlin eines Politikers Platz. Galant sagte er zu ihr: »Wie schön Sie doch sind, Madame!«

Worauf die Dame boshaft entgegnete: »Schade, dass ich von Ihnen nicht das Gleiche sagen kann.«

Da konterte Twain: »Machen Sie es doch wie ich, gnädige Frau: Lügen Sie doch einfach!«

Gut is 'gangen, nix is g'schehn
Die Wiener Flugschau des Grafen Zeppelin

Es war die Luftfahrt-Sensation des jungen Jahrhunderts, als am 9. Juni 1913 der deutsche Flugpionier Graf Zeppelin mit seinem Luftschiff *Sachsen* einige Runden über Schönbrunn drehte, um Kaiser Franz Joseph zu huldigen. Man war aber auch erleichtert, als alles wieder vorbei war, denn fünf Jahre zuvor war ein Zeppelin bei Stuttgart in ein Unwetter geraten und explodiert.

Der aus Konstanz stammende Ferdinand Graf Zeppelin war einer von vielen Pionieren, die den Traum der Menschheit, fliegen zu können, wahr machen wollten. Er kaufte der Witwe des österreichischen Flug-Technikers David Schwarz Patente ab, ehe er im Som-

Spurensuche bei prominenten Wien-Besuchern

Das erfolgreichste Luftschiff seiner Zeit: der Zeppelin nach seiner Landung am Flugfeld in Wien-Aspern und sein Erbauer Ferdinand Graf Zeppelin

mer 1900 mit dem ersten »Luftfahrzeug« über dem Bodensee schwebte.

Der Graf musste zwar nach achtzehn Minuten notlanden, gab aber nicht auf und sorgte mit weiteren Flugtests für Aufsehen. Bis es im August 1908 bei Stuttgart zur Explosion kam. Auch wenn alle Passagiere überlebten, hätte der Unfall das Aus für Zeppelin bedeuten können.

Doch gerade der Absturz führte zum Aufstieg: Zuschauer starteten eine Spendenaktion, die sechs Millionen Mark brachte und die serienmäßige Produktion in der neuen *Luftschiffbau Zeppelin GmbH* ermöglichte.

Bis 1914 wurden 27 Zeppelins gebaut, aber die große Stunde schlug in den 1920er-Jahren, als die USA den Zeppelin für die zivile Luftfahrt entdeckten und bei den Nachfolgern des 1917 mit 78 Jahren verstorbenen Grafen mehrere »Riesenzigarren« in Auftrag gaben. So startete 1924 in Friedrichshafen der bisher modernste Zeppelin, der nach 81 Stunden in Lakehurst bei New York landete.

Die folgenden Jahre machten den Zeppelin zum erfolgreichsten Luftschiff seiner Zeit, es umrundete die Erde, und von Europa wurde ein Liniendienst nach Amerika aufgenommen. Bis es im Mai 1937 zur Katastrophe kam: Der von den Nationalsozialisten fertiggestellte Zeppelin *Hindenburg* explodierte bei der Landung in Lakehurst und riss 36 Menschen in den Tod. Das Unglück führte zum Ende der Zeppelin-Produktion, die erst 1996 wieder für Schau- und Werbeflüge aufgenommen wurde.

Doch von all dem war noch keine Rede, als Graf Zeppelin im Juni 1913 das kaiserliche Schloss Schönbrunn umrundete und dann unter Beteiligung Tausender Schaulustiger am Flugfeld Wien-Aspern sicher landete.

»Sie san heut scho der Dritte«
Giacomo Puccini in Wien

Puccini liebte Wien, wohin er besonders gerne kam, da die hiesigen Opernaufführungen viel zur weltweiten Popularität seines Werks beitrugen. Kaum bekannt ist, dass der Komponist für Wien sogar eine Operette geschaffen hat, sie hieß *La Rondine* und sollte am Carltheater auf der Praterstraße ihre Weltpremiere erleben. Freilich fiel die von vielen sehnsüchtig erwartete Uraufführung aus finanziellen Gründen ins Wasser, worauf die Noten in

Spurensuche bei prominenten Wien-Besuchern

Puccini war wirklich Puccini: Der Maestro kam persönlich in die Wiener Volksoper.

den Schreibtischen mehrerer Wiener Theaterdirektoren zu verstauben drohten. Erst nach vier Jahren, am 9. Oktober 1920, kam es zur tatsächlichen ersten Vorstellung der *Rondine* in Wien – allerdings an der Volksoper.

Am Tag vor der Premiere ereignete sich ein Zwischenfall, der Puccini unvergesslich blieb: Bei Probenbeginn trat Volksoperndirektor Karl Lustig-Prean vor den Vorhang und forderte das Publikum ein wenig verlegen auf, das Theater wieder zu verlassen, da »das Werk noch nicht vollständig probiert und daher nicht reif für eine öffentliche Generalprobe« sei. Die Aufführung, sagte er, eigne sich nur als ganz normale Arbeitsprobe, die man den Gästen des Hauses nicht zumuten könne.

Ein paar hundert Besucher standen auf, um die Volksoper murrend zu verlassen. Nur Puccini, der verständlicherweise auch Zeuge einer nicht öffentlichen Probe seiner Operette sein wollte, blieb sitzen.

Als der Zuschauerraum leer war, trat ein Billeteur auf den Meister zu, um ihn aufzufordern, »wie alle anderen Besucher das Haus zu verlassen«.

»Ich bin Puccini«, wehrte sich das Genie. »Ich bin der Komponist des Werks.«

»Sie san heut scho der Dritte, der was des sagt«, erwiderte der Billeteur. »Schaun S', dass auße kommen.«

Der zufällig Zeuge dieses Dialogs gewordene Musikkritiker Max Graf hatte alle Mühe, den Billeteur davon zu überzeugen, dass Puccini wirklich Puccini war.

Tod im offenen Sportwagen
... und Isadora Duncans Erlebnis in Wien

Die Welt stand unter Schock, als sich am 14. September 1927 die Nachricht verbreitete, dass die weltberühmte Tänzerin Isadora Duncan unter dramatischen Umständen verstorben war. Sie hatte einen offenen Sportwagen bestiegen, in dessen Speichenrad sich ihr Seidenschal verfing, wodurch sie zu Tode kam. Was bleibt, ist der von ihr entwickelte moderne Tanzstil, mit dem sie im Gegensatz zum klassischen Ballett die Bewegungen der Antike wiederbelebt hatte. Ihre legendären Tourneen hatten sie in alle Welt geführt – auch nach Wien, wo sie als junge Tänzerin ein sonderbares Erlebnis gehabt hatte.

Die Duncan war damals noch Teil einer Tanztruppe und musste sich im Wiener Hotel *Bristol* mit einer Kollegin namens Nursey ein Zimmer teilen. »Eines Morgens gegen vier Uhr stand sie plötzlich auf«, schreibt Isadora Duncan in ihren Memoiren, »machte Licht und kam in gespenstischer Weise auf mein Bett zu.«

Die junge Frau sagte zur Duncan: »Gott hat mir befohlen, dich zu erwürgen!« Isadora erkannte aus einem Instinkt heraus, dass man Menschen, die plötzlich verrückt werden, niemals widersprechen darf, und erwiderte: »Ja, du hast vollkommen recht, ich bin bereit, vorher musst du mich aber noch zur Nacht beten lassen.«

»In Ordnung«, stimmte Nursey zu, stellte die Kerze neben das Bett ihres Opfers und wartete.

»Ich aber sprang aus dem Bett«, erinnerte sich die Duncan weiter, »als ob ich vom Teufel gejagt würde, riss die Tür auf, rannte, so wie ich war, im Nachthemd und mit offenem Haar den langen Korridor entlang, die breite Treppe hinab ins Hotelbüro und schrie: ›Diese Frau ist verrückt geworden!‹«

Daraufhin warfen sich sechs Bedienstete des Hotels *Bristol* auf die Isadora verfolgende Tanzkollegin und hielten sie fest, bis Ärzte kamen. »Das Resultat der medizinischen Untersuchung«, schreibt Isadora Duncan, »war so erschütternd, dass ich sofort meiner Mutter telegrafierte, sie solle nach Wien kommen und mich abholen.«

Andererseits hat Wien für ihren Lebensweg eine bedeutende Rolle gespielt, denn als die Duncan im *Künstlerhaus* auftrat, kam der ungarische Impresario Alexander Groß begeistert auf sie zu und forderte sie auf: »Wenn Sie Karriere machen wollen, kommen Sie mit mir nach Budapest.« Isadora Duncan fuhr mit ihrer mittlerweile eingetroffenen Mutter nach Ungarn, wo sie tatsächlich einen Meilenstein ihrer Laufbahn erleben sollte, als sie zum ersten Mal allein vor Publikum auftrat. »Der erste Abend in der *Urania* war ein unbeschreiblicher Erfolg«, schreibt sie in ihren Erinnerungen, »dreißig Abende tanzte ich in Budapest vor ausverkauftem Haus«.

So einzigartig ihr Durchbruch als Primaballerina war, so tragisch war das Leben der großen Tänzerin. Isadora Duncan war am 27. Mai 1877 in San Francisco als Tochter einer irischstämmigen Familie zur Welt gekommen. Ihre Mutter war Musiklehrerin, der Vater ein Bankier, der bald nach ihrer Geburt pleiteging, seine Familie verließ und bei einem Schiffsunglück ums Leben kam. Isadora begann eine Tanzausbildung, brach sie aber nach kurzer Zeit ab, weil sie den klassischen Tanz, wie er in dem Institut gelehrt wurde, damals schon ablehnte. Sie entwickelte in den Folgejahren einen eigenen Tanzstil und debütierte mit sechzehn Jahren in Chicago. Vorerst mit mäßigem Erfolg.

Der stellte sich erst etwas später in London ein, wo ihre neue Art zu tanzen das Interesse des Publikums weckte. Sie bewegte sich ganz anders als im klassischen Ballett mit seinen typischen Kostümen und Spitzenschuhen, das von der Duncan als Ausdruck der »Degeneration und des lebendigen Todes« bezeichnet wurde, »da die Bewegungen steril und unnatürlich sind«. Man war von der bloßfüßigen, ohne Korsett tanzenden jungen Frau, die sich ohne feste Choreografie zu den Klängen von Beethoven, Brahms, Gluck und Wagner bewegte, angetan. 1903 kam sie, bereits als Weltstar, im Rahmen einer großen Tournee noch einmal zu einem Gastspiel nach Wien, wo sie am Carltheater umjubelt wurde.

Bei ihrer frivolen Art zu tanzen war's kein Wunder, dass die Duncan auch in ihrem Privatleben mit den Konventionen ihrer Zeit brach. Sie verstörte mit provokanten Äußerungen über die freie Liebe, lebte abwechselnd mit Männern und Frauen in offenen Verhältnissen, war einmal kurz verheiratet und brachte zwei uneheliche Kinder zur Welt. Beide ertranken 1913 in der Seine mitsamt dem Kindermädchen, als der Chauffeur vergaß, die Handbremse anzuziehen, und der Wagen in den Fluss rollte.

Von diesem Schock sollte sich die Tänzerin nie mehr erholen. In ihren Memoiren schreibt Isadora Duncan, dass sie bald nach dem Unglück den jungen italienischen Bildhauer Romano Romanelli anflehte, sie erneut zur Mutter zu machen. Der kam ihrem Wunsch nach, doch das Kind, ein Knabe, starb kurz nach der Geburt.

Und dann das tragische Ende: Isadora Duncan hielt sich im Herbst 1927, mittlerweile fünfzig Jahre alt, in Nizza auf. Am Abend des 14. September bestieg sie, leicht alkoholisiert und ohne besonderes Ziel, auf der Promenade des Anglais einen offenen Rennwagen der Marke Amilcar, den sie schon Tage vorher bewundert hatte. Um sich vor dem Luftzug zu schützen, wickelte sie ihren langen Schal fest um den Hals, ohne dabei zu beachten, dass ein Stück

Brach auch in ihrem Privatleben mit allen Konventionen: die weltberühmte Tänzerin Isadora Duncan

hinten aus dem Wagen heraushing. Das Auto setzte sich in Bewegung, das Ende des Schals verwickelte sich in die Radspeichen, und der plötzliche Ruck brach ihr Genick, noch ehe der Fahrer wusste, dass ein Unglück geschehen war. Isadora Duncan war auf der Stelle tot.

Am 19. September 1927 wurde ihre Leiche auf dem Pariser Friedhof Père Lachaise in Anwesenheit mehrerer ihrer Schülerinnen beigesetzt. Der Sarg stand auf dem Teppich, auf dem sie das letzte Mal getanzt hatte. Während der Einäscherung wurde, ihrem oft geäußerten Wunsch entsprechend, ein Bach-Konzert gespielt.

Ein Amerikaner in Wien
George Gershwin bringt den ersten Kugelschreiber

Im Frühjahr 1928 brach George Gershwin zu einer mehrwöchigen Europareise auf, die ihn, aus New York kommend, nach London, Paris und Berlin führte, ehe er am 27. April in Wien einlangte. Amerikas bedeutendster Komponist wollte in jeder Metropole mit den wichtigsten Musikern seiner Zeit zusammenkommen. In Paris traf er Ravel und Prokofjew und für Wien waren Termine mit Lehár, Kálmán und Alban Berg vereinbart. Gershwin besuchte auch Adele Strauss, die 72-jährige Witwe des »Walzerkönigs«, die ihm zu einem horrenden Preis die Originalpartitur der *Fledermaus* zum Verkauf anbot, auf die dieser aber verzichtete.

George Gershwin, der von seinem Bruder Ira begleitet wurde, wohnte im Hotel *Bristol*, wo er vormittags und in den späten Nacht-

Er wurde nur 38 Jahre alt: der amerikanische Komponist George Gershwin

stunden an seinem später verfilmten Orchesterwerk *Ein Amerikaner in Paris* arbeitete.

Bald sprach sich in Wien jene Episode herum, die Gershwin aus Paris mitgebracht hatte. Der geniale Autodidakt war dort mit dem weltberühmten Komponisten Igor Strawinsky zusammengetroffen. »Meister Strawinsky«, soll er zu diesem gesagt haben, »ich kenne Ihre Werke nur aus dem Konzertsaal und ich verehre Sie. Ist es denkbar, dass man bei Ihnen lernt, dass man bei Ihnen Stunden nimmt? Sofern ich mir das überhaupt leisten kann.«

»Wie viel verdienen Sie?«, fragte Strawinsky.

Darauf Gershwin: »Eine Million Dollar im Jahr.«

Da lachte Strawinsky: »Dann, bitte, unterrichten Sie mich!«

In Wien luden Emmerich Kálmán und einige Freunde Gershwin zu einem Abend ins *Sacher* und danach ins Café *Westminster* auf der Mariahilfer Straße, wo eine Vierzig-Mann-Kapelle dem Amerikaner zu Ehren dessen *Rhapsody in Blue* spielte.

Gershwin überreichte bei dieser Gelegenheit seinem Kollegen Kálmán als Gastgeschenk ein hier noch unbekanntes Schreibgerät. »Das ist ein Kugelschreiber«, sagte Gershwin, »ich habe mit ihm die *Rhapsody in Blue* geschrieben.« Es war dies der erste Kugelschreiber, der nach Österreich gelangte.

Kurz nach seiner Europareise begann die Tragödie des George Gershwin, der immer sonderbarer wurde, ehe er in Hollywood, an seinem Flügel sitzend, zusammenbrach. Der Arzt stellte einen Gehirntumor fest und riet zur Operation, die der Komponist nicht überlebte. Er starb am 11. Juli 1937 im Alter von 38 Jahren.

Zwei Jahre davor hatte er mit *Porgy und Bess* sein bedeutendstes Werk komponiert. Doch dessen Welterfolg hat er nicht mehr erlebt.

»Jeder ist Professor, aber keiner kann spielen«
Toscanini dirigiert die Wiener Philharmoniker

Als Arturo Toscanini 1929 sein legendäres Sensationsgastspiel an der Wiener Staatsoper absolvierte, dirigierte er – wie dies zu seinen Gepflogenheiten zählte – auswendig, also ohne Noten. Grund dafür war die extreme Kurzsichtigkeit des weltberühmten Dirigenten. Toscaninis Kollegen zeigten wenig Begeisterung für diese Marotte, die Schule zu machen drohte. Otto Klemperer sagte: »Nur weil dieser Mensch zu eitel ist, sich eine Brille aufzusetzen, müssen wir jetzt alle auswendig dirigieren.« Clemens Krauss, befragt, warum er nicht wie Toscanini auswendig dirigiere, meinte: »Warum denn? Ich kann ja Noten lesen!«

Als er in der Staatsoper eintraf, wurden Toscanini vorerst sämtliche Mitglieder der Wiener Philharmoniker vorgestellt. »Professor A. – Oboe, Professor B. – Klarinette, Professor C. – Geige ...« Bei der ersten Probe zeigte sich Toscanini von den Leistungen der Musiker wenig begeistert. Und so kam es schon nach wenigen Minuten zu einem für den Maestro typischen Wutanfall: »Jeder ist Professor«, brüllte er, »aber keiner kann spielen!«

Auf dem Programm standen Verdis *Falstaff* und Donizettis *Lucia di Lammermoor*. Bei beiden Premieren wurden sowohl Toscanini als auch die Philharmoniker umjubelt – selbstverständlich konnten »die Professoren« spielen.

Die Begeisterung der Wiener war grenzenlos, und so wurde Toscanini nach unzähligen Verbeugungen und Vorhängen ein riesiger Blumenkranz überreicht. Doch der schrullige Dirigent winkte ab: »So was schickt sich nur für Primadonnen und für Leichen. Ich bin weder das eine noch das andere.«

Ein romantisches Abenteuer
Charlie Chaplins Wiener Affäre

Man empfing ihn wie einen König. Obwohl erst zwei Stunden vor seiner Ankunft bekannt wurde, dass Charlie Chaplin im Rahmen seiner Europatournee auch nach Wien kommen würde, um seinen neuen Film *Lichter der Großstadt* vorzustellen, pilgerten an diesem 17. März 1931 Tausende Menschen zum Franz-Josefs-Bahnhof.

Ein romantisches Abenteuer

»Guten Tak! Guten Tak!«: Chaplin inmitten seiner Fans im März 1931 in Wien

Die Wiener hatten aber auch allen Grund, neugierig zu sein, wie's dem »Tramp« ging. Denn Chaplin war von seiner zweiten Frau Lita Grey geschieden worden und befand sich, wie man allerorten hörte, in einer seelischen Krise. Doch davon merkte man nichts, denn Charlie war bester Laune und ließ sich von den Wienern ausgiebig feiern. Vor dem Hotel *Imperial* kletterten die Schaulustigen auf Bäume, um den größten Filmstar seiner Zeit aus der Nähe sehen – und zum ersten Mal auch hören – zu können. Denn obwohl der Tonfilm bereits erfunden war, drehte Chaplin seine Filme nach wie vor stumm. Die einzigen Worte, die er in ein Wiener Mikrofon sprach, enttäuschten ein wenig, denn er sagte nur: »Guten Tak! Guten Tak!« Dann drehte er sich um und ging seines Weges.

Abends besuchte Chaplin die Oper. Als er seine Loge betrat, setzte im ganzen Haus stürmischer Applaus ein. Am nächsten Tag wurde er am Graben von einer Menschenmenge umringt, die ihn vor einem Grammophongeschäft entdeckt hatte. Eine junge Dame schlich sich in sein Hotelappartement, angeblich, um den 42-jährigen Hollywoodstar von ihren schauspielerischen Qualitäten zu überzeugen. Ob es sich dabei um jene Schönheit handelte, über die er in seinen Memoiren schreibt, ist nicht bekannt: »Ich fuhr nach Wien – das melancholische und gefühlvolle Wien! An diesen Aufenthalt erinnert mich vor allen Dingen ein romantisches Abenteuer mit einem sehr schönen Mädchen. Es war wie das letzte Kapitel eines viktorianischen Romans: Wir schworen uns leidenschaftlich Liebe und Treue und küssten uns zum Abschied, wenn wir auch wussten, dass wir uns nie wiedersehen würden.«

»So ein Star hat's auch nicht leicht«, kommentierten die zu seinem Abschied zum Südbahnhof geeilten Wiener den hohen Besuch, als Chaplin sich endlich erschöpft in den Schlafwagen nach Venedig fallen ließ.

Chaplin war 1931 übrigens nicht das erste Mal in Wien, er hatte hier schon sieben Jahre zuvor Zwischenstation gemacht. Damals besuchte er die Ronacher-Revue *Wien gib acht!*, in der Hans Moser als Pompfüneberer auftrat, der in einer Wohnung die sterblichen Überreste eines soeben verblichenen Mannes abholen soll, sich aber im Stockwerk irrt und in eine lustige Hochzeitsgesellschaft gerät. Chaplin war von dem Sketch so beeindruckt, dass er beim Autor Karl Farkas die Rechte kaufte, um ihn in Hollywood zu verfilmen.

Später sagte Chaplin: »Ich habe den Film nie gedreht. Denn ich habe Hans Moser gesehen und wusste, dass das niemand auf der Welt so spielen kann wie er.«

Niemand wusste, wie alt sie war
Zsa Zsa Gabors Karrierestart in Wien

Wenn Zsa Zsa Gabor Geburtstag feierte, wusste man nie, der wievielte es war. Einigen Filmlexika zufolge wurde die Schauspielerin am 6. Februar 1919 geboren, andere besagen, dass sie bereits 1917 zur Welt gekommen ist. Fest steht, dass das spätere Hollywoodstarlet schon in jungen Jahren mit unglaublicher Konsequenz daran arbeitete, das Jahr seiner Geburt zu verschleiern.

Als Zeuge dafür sei der aus Wien stammende Regisseur Franz Marischka zitiert, der in seinen Memoiren diese Geschichte erzählt: Zsuzsanna »Sári« Gabor, wie die in Budapest geborene Schauspielerin damals noch hieß, hielt sich 1934 in Wien auf, wo sie an einer Schönheitskonkurrenz teilnahm. Als erster Preis winkte eine Nebenrolle in der Operette *Der singende Traum* mit Richard Tauber am Theater an der Wien. Die bildschöne Sári gewann den Bewerb – und bekam die Rolle. Praktischerweise hatte sie auch gleich einen Flirt mit Franz Marischka, dem Sohn des damaligen Theater-an-der-Wien-Direktors.

1953 trafen die beiden einander zufällig in Rom wieder, als sie bereits die berühmte Zsa Zsa Gabor und er ein viel beschäftigter Filmregisseur war. Sie saß mit Kollegen in einem Restaurant, fiel Marischka, sobald er das Lokal betreten hatte, um den Hals und flüsterte ihm sofort zu: »Ich bitte dich nur eins: Sag keinem, wie alt ich bin!«

So vorausschauend muss man sein. Die junge Frau war vielleicht siebzehn, als sie in Wien die Schönheitskonkurrenz gewonnen und mit dem Sohn des Direktors angebandelt hatte. Und sie war ungefähr Mitte dreißig, als sie ihn in Rom wiedersah. Aber sie hat sich damals schon Gedanken um möglicherweise viel später eintreffende Anfragen zu ihrem Geburtsjahr gemacht.

Was sonst noch an Zsa Zsa Gabor interessieren mag, ist die Frage, warum sie eigentlich berühmt wurde. Besondere schauspielerische Leistungen wurden ihr nie nachgesagt, eher die vielen Affären und acht Ehen ihres Lebens.

Sie starb im Jahr 2016 – im Alter von 99 Jahren. Aber ganz genau weiß man das nicht.

Spurensuche in der Welt der Liebe

Spurensuche in der Welt der Liebe

Seelenverwandte oder Geliebte
Die ungeklärte Beziehung des Prinzen Eugen

Es ist das ewige Rätsel im Leben des Prinzen Eugen. Einerseits heißt es vom erfolgreichsten Feldherrn der österreichischen Geschichte, dass er sich »mit Damen nicht incommodiere, da ein paar schöne Pagen eher seine Sache sind«. Andererseits gibt es Aussagen von Zeitgenossen, denen zufolge der Kutscher des Prinzen nächtelang in seiner Karosse vor dem Palais der Gräfin Eleonore Batthyány in der Wiener Herrengasse saß und auf seinen Herrn wartete.

Die Historiker sind sich uneins, ob Eugen von Savoyen homosexuell war oder ob er nicht doch mit der »schönen Lori«, wie die Gräfin genannt wurde, ein Verhältnis hatte.

Sicher ist, dass zwischen den beiden eine innige Vertrautheit herrschte. Der Prinz war ursprünglich mit Adam Batthyány, dem Ehemann der Gräfin, befreundet und diese Freundschaft ging nach Adams Tod auf dessen Frau über. In Wien, der in Beziehung auf Klatsch und Tratsch konkurrenzlosen Stadt, hielt sich sogar das Gerücht, dass die zwei Söhne der Gräfin nicht von ihrem Mann, sondern vom Prinzen stammten.

Seine mächtigen Feinde wussten Eugens Freundschaft mit der Gräfin politisch zu nützen. Michael Graf Althann, dem der Ruhm

Seelenverwandte oder Geliebte

Zwischen ihm und der Gräfin Batthyány bestand eine innige Vertrautheit: Prinz Eugen von Savoyen

des Feldherrn ein Dorn im Auge war, meldete Kaiser Karl VI., dass der Prinz der Gräfin hörig sei und seine Kriegsdienste unter ihrem Einfluss stünden. Als Eugen weitere derartige Intrigen und Verleumdungen zu Ohren kamen, drohte er von allen Posten zurückzutreten. Das konnte der Kaiser nicht zulassen, dafür war der große Stratege einfach zu bedeutsam. Also wurden Eugens Gegner bestraft und er voll rehabilitiert.

1734, zwei Jahre vor seinem Tod, soll sich Eugen mit dem Gedanken getragen haben, »die schöne Lori« – wohl um sie als Erbin seines gigantischen Vermögens einzusetzen – zu heiraten. Doch dazu ist es nicht gekommen.

Konrad Kramar und Georg Mayrhofer, die Autoren der Biografie *Prinz Eugen. Heros und Neurose*, vertreten in Sachen Eros eine ganz andere Meinung: Der Prinz sei weder homosexuell gewesen, noch hatte er ein Verhältnis mit Eleonore Batthyány, er hätte an Sexualität vielmehr überhaupt kein Interesse gehabt, was als Folge seiner schrecklichen Kindheit in Paris erklärbar wäre: Eugen geriet nach der Flucht seiner Mutter, die man des Mordes an ihrem Ehemann verdächtigt hatte, in üble Gesellschaft und war schwersten Misshandlungen ausgesetzt.

Prinz Eugen starb 1736 im Alter von 72 Jahren in dem von ihm errichteten Winterpalais in der Wiener Himmelpfortgasse.

Nestroy und die Frauen
Eine seltsame Posse

Über sein Werk ist viel geschrieben worden, eine andere Geschichte ist das Privatleben des Volksdichters. Es war wohl prägend für Nestroys Verhältnis zu Frauen, dass seine Gattin Wilhelmine 1826 während einer Tournee in Graz mit einem Grafen durchging und ihn mit seinem kleinen Sohn sitzen ließ. Nestroy tröstete sich mit der Schauspielerin Marie Weiler, mit der er für den Rest seines Lebens zusammenblieb und die ihm zwei weitere Kinder schenkte. Wie er sich ihr und anderen Frauen gegenüber verhielt, war freilich alles andere als nobel.

Nestroy war sex- und beziehungssüchtig, er ließ keine Gelegenheit aus, sich in Affären mit jungen Künstlerinnen zu stürzen – wozu er als Direktor des Wiener Carltheaters genügend Gelegenheiten hatte. »In den Scenen, in denen er nicht beschäftigt war, zog er sich in seine Garderobe zurück – nicht selten in angenehmer Gesellschaft«, hinterließ uns der Dichter Eduard von Bauernfeld.

Nestroy und die Frauen

»Nicht selten in angenehmer Gesellschaft«: Frauenheld Johann Nestroy

In einem Vaterschaftsprozess gab die siebzehnjährige Schauspielerin Rosa W. im Jahr 1859 an, dass Direktor Nestroy der Vater ihres Kindes sei. Dieser erklärte vor Gericht, sich Rosas Gunst mit mehreren Herren geteilt zu haben, doch das half nichts: Verführung und Vaterschaft wurden anerkannt und Nestroy zur Zahlung von Unterhalt, Verdienstentgang und einer Entschädigung für Rosas »verlorene Frische der Jugend« verurteilt.

Der Schriftsteller, Schauspieler und Theaterdirektor führte ein aufwendiges Doppelleben an der Seite von Choristinnen und Jung-Schauspielerinnen, denen er die Miete ihrer Wohnungen, meist in der Nähe des Theaters gelegen, zahlte.

Es kam mehrmals vor, dass Nestroy – wenn er eine Beziehung zu beenden versuchte – von der jeweiligen Liebschaft erpresst wurde. Der Schauspielerin Karoline Köfer unterstellte er, die Urheberin eines anonymen Briefes an seine Lebenspartnerin Marie Weiler zu sein, in dem diese über seine Untreue informiert wurde. Nestroy teilte daraufhin »der intriganten Mademoiselle Köfer die sofortige Auflösung der Beziehung« mit und ließ ihr eine Abfindung von 500 Gulden* auszahlen sowie weitere 300 Gulden, so sie ihm seine Liebesbriefe retournieren würde.

Es war nicht das einzige Mal, dass seiner Lebenspartnerin Marie Weiler Nestroys Seitensprünge zugetragen wurden. Zwei Mal beendete sie die Beziehung, doch flehte er sie jedes Mal an, zu ihm zurückzukehren, was in beiden Fällen gelang.

1862 ist er in Graz, der Stadt, in der ihn seine Gemahlin verlassen und in der er die Frau fürs Leben gefunden hatte, im Alter von sechzig Jahren an den Folgen eines Schlaganfalls gestorben. Marie Weiler war seine Universalerbin.

Franz Ferdinand als Schürzenjäger
Das wilde Vorleben des Thronfolgers

Man spricht von einer Musterehe, wenn von Erzherzog Franz Ferdinand und seiner Frau Sophie, die in Sarajevo so tragisch ums Leben kamen, die Rede ist. Es war auch eine Musterehe, doch in seiner Jugend war der spätere Thronfolger ein großer Schürzenjäger, und so manche seiner Beziehungen ist nicht ohne Folgen geblieben.

---

* Die Summe entspricht laut Statistik Austria im Jahr 2020 einem Betrag von rund 6000 Euro.

Franz Ferdinand als Schürzenjäger

Erzherzog Franz Ferdinand besaß das Palais Modena in der Wiener Herrengasse, in dem sich auch seine Junggesellenwohnung befand. Dass in demselben Gebäude die Schauspielerin Mila Kugler wohnte, war kein Zufall, denn wie so viele Habsburger »hielt« sich auch Franz Ferdinand Mätressen. Mila, die als seine Favoritin galt, war mit ihrer Wohnung im Palais Modena von jeder Mietzinszahlung befreit.

Die Geliebte war als Matrose verkleidet: der junge Erzherzog Franz Ferdinand

Als Franz Ferdinand im Dezember 1892, um seine Lungenkrankheit auszukurieren, mit dem Rammkreuzer *Kaiserin Elisabeth* eine fast einjährige Weltreise antrat, soll er seine Geliebte – als Matrose verkleidet – mitgenommen haben. Als Beleg für die Richtigkeit dieses Gerüchts gilt eine Meldung der *Wiener Zeitung*, nach der Fräulein Kugler aus Port Said zurückgekehrt sei und wieder ihren Theaterverpflichtungen nachkommen würde.

Im Palais Modena hatte auch Franz Ferdinands Bruder, Erzherzog Otto, der für seine zahlreichen Amouren berühmt-berüchtigt war, seinen Zweitwohnsitz, an dem zahllose Feste gefeiert wurden, die oft in Orgien ausarteten.

Für Franz Ferdinand blieb seine stürmische Junggesellenzeit nicht ohne Folgen – in zwei Fällen sind gerichtlich anerkannte Nachkommen registriert: Sein unehelicher Sohn Heinrich Jonke erhielt als »Apanage« die Salzburger Hofapotheke, nach deren Konkurs er aus Franz Ferdinands Nachlass weitere 50 000 Kronen* bekam. Und Kurt Hahn, sein zweiter Sohn aus einer morganatischen Beziehung, wurde mit einer Leibrente abgefunden.

Die Möglichkeit, sich mit seiner Schauspielerin und anderen offenherzigen Damenbekanntschaften der freien Liebe hinzugeben, wusste Franz Ferdinand durchaus zu schätzen, und doch strebte er langfristig ein geordnetes Familienleben an. Aber von den hoffähigen Bräuten, die man ihm zuschanzen wollte, kam für ihn keine infrage. Ende des Jahres 1894 flüchtete der Erzherzog sogar aus Wien, »um allen heiratsdrängenden Verwandten ... und allen Familienräten zu entfleuchen«, schreibt er in einem Brief an Sophie Choteks Schwester Marie Thun. Man weiß tatsächlich von Versuchen des Kaisers, Franz Ferdinand mit der sächsischen Prinzessin Mathilde (die schon Kronprinz Rudolf abgelehnt hatte) oder mit Rudolfs Witwe Stephanie zu verehelichen. Doch der Thronfolger lehnte diese und alle anderen »Angebote« empört ab.

Bis er Sophie Chotek traf. Die als »gewöhnliche« Gräfin zwar blaublütig, aber nicht standesgemäß war.

---

* Die Summe entspricht laut Statistik Austria im Jahr 2020 einem Betrag von rund 300 000 Euro.

Die wirkliche Lovestory
Das Weiße Rössl *lag nicht am Wolfgangsee*

Das Gspusi zwischen der reschen *Rössl*-Wirtin Josepha Voglhuber und ihrem Verehrer Leopold gab es wirklich. Allerdings hat sich's ganz anders und ganz woanders zugetragen als in der weltberühmten Operette.

Zunächst einmal: Der echte Gasthof *Zum weißen Rössl* lag nicht am Wolfgangsee, sondern in Lauffen bei Bad Ischl – und dieser wurde von einer reschen Wirtin namens Maria Aigner geführt. Wie es mit reschen Wirtinnen so ist, hatte sie natürlich einen Verehrer, doch der hieß nicht Leopold wie in der Operette, sondern Oscar. Und er war auch kein Kellner.

Der in die *Rössl*-Wirtin verliebte Oscar ist sogar schuld daran, dass die ganze Affäre publik wurde: Oscar Blumenthal war einer der beiden Autoren des Lustspiels *Im weißen Rössl*, das 1897 uraufgeführt wurde. Doch da der Schriftsteller verheiratet war, konnte er sich in seinem Stück nicht gut selbst als Lover »outen«, also musste Herr Blumenthal seine Liebe zur Wirtin einem anderen in die Schuhe schieben: Und er wählte einen alten Freund namens Leopold (sein Familienname war Petter), der tatsächlich einst Kellner gewesen war – allerdings nie im *Weißen Rössl*.

Der aus Berlin stammende Schriftsteller Oscar Blumenthal besaß eine Villa in Lauffen, die dem Gasthaus der Witwe Maria Aigner gegenüberlag. Und von hier aus konnte er sie den ganzen Sommer über beobachten und ihr Avancen machen. Was daraus wurde, ist nicht überliefert – sehr wohl aber, wie das *Weiße Rössl* von Lauffen im Stück an den zwanzig Kilometer entfernten Wolfgangsee gelangte.

Spurensuche in der Welt der Liebe

Das echte Paar: Oscar Blumenthal und die Rössl-Wirtin Maria Aigner

Dort, in St. Wolfgang, gab es damals eine bürgerliche Pension *Zum Weißen Ross*, und deren Besitzerin hieß Antonia Drassl. Da die Premiere des neuen Lustspiels in Berlin stattfinden sollte, beschlossen die Autoren Oscar Blumenthal und Gustav Kadelburg, die Handlung vom unbekannten Ort Lauffen an den auch im Deutschen Kaiserreich populären Wolfgangsee zu verlegen.

Und damit schlug die große Stunde der cleveren Antonia Drassl, Besitzerin des *Weißen Ross* in St. Wolfgang. Die 46-jährige Wirtin änderte den Namen ihrer Pension flugs von Ross auf Rössl, reiste zur Uraufführung nach Berlin und ließ sich dort als *Rössl*-Wirtin feiern, obwohl sie mit dem Stück und seiner Handlung absolut nichts zu tun hatte. In ihrem Leben hatte es weder einen Leopold noch einen Oscar noch sonst irgendetwas gegeben, das mit der Handlung der Komödie auch nur das Geringste zu tun hatte.

Die falsche *Rössl*-Wirtin – die vom Wolfgangsee – wurde berühmt, die echte aus Lauffen geriet in Vergessenheit. Nicht nur das, sie musste Konkurs anmelden, ihr Gasthof wechselte mehrmals die Besitzer, ehe er zugesperrt und nach 1970 abgerissen wurde.

Das falsche *Rössl* vom Wolfgangsee ist hingegen eine weltweit bekannte Touristenattraktion. Allerdings erst seit den 1930er-Jahren, als das ursprüngliche Sprechstück durch Beifügung zügiger Musiknummern von Ralph Benatzky bis Robert Stolz zum meistgespielten Singspiel des 20. Jahrhunderts wurde. Von der früheren Existenz des Gasthofs in Lauffen hingegen und von seiner Wirtin, der wir die ganze Story zu verdanken haben, weiß keiner mehr.

Lina verlässt Adolf Loos
Eine dramatische Liebschaft

Vom berühmten Architekten Adolf Loos kennen wir mehrere Villen, Wohn- und Bürohäuser und vor allem sein einst umstrittenes Loos-Haus auf dem Wiener Michaelerplatz. Weniger bekannt, aber nicht minder spektakulär ist sein Privatleben, das ihm drei Ehefrauen bescherte. Wir wollen hier die kuriose Geschichte des Zusammentreffens mit seiner ersten Frau Lina, aber auch die Tragödie des Auseinandergehens ihrer Ehe schildern.

Der 32-jährige Adolf Loos saß an jenem Abend im Jahr 1902 mit Peter Altenberg und Egon Friedell im Literatencafé *Löwenbrau* hin-

Heiratsantrag nach fünf Minuten: Adolf und Lina Loos

term Burgtheater, als am Nebentisch eine junge Wienerin Platz nahm, die auf den schönen Namen Lina Obertimpfler hörte. Von ihrer Erscheinung geblendet, baten die drei Freunde die hübsche Schauspielschülerin – sie war die Tochter des Besitzers des Café *Casapiccola* auf der Mariahilfer Straße – an ihren Tisch. Adolf Loos zeigte der Zwanzigjährigen eine wertvolle Zigarettendose, die diese zu öffnen versuchte. Sie stellte sich dabei so ungeschickt an, dass der Deckel brach, worauf Lina den Architekten erschrocken fragte, wie sie das wiedergutmachen könnte.

Adolf Loos sah sie lächelnd an und sagte: »Heiraten Sie mich!«

Während die Umsitzenden an einen Scherz glaubten, traten die beiden tatsächlich vor den Standesbeamten. Der Heiratsantrag war fünf Minuten nach dem Kennenlernen erfolgt.

So schön die Romanze begonnen hatte, so dramatisch ging sie auseinander. Lina Loos knüpfte ziemlich bald zarte Bande zu dem Studenten Heinz Lang, worauf die Ehe in Brüche ging.

Die Wiener Gesellschaft hatte ihren Skandal, zumal sich schnell herumsprach, dass Linas Treffen mit dem Liebhaber ausgerechnet in ihrem von Adolf Loos extravagant gestalteten Schlafzimmer stattfanden.

Das Ende war tragisch. Als der Student erkannte, dass Lina nicht beabsichtigte, mit ihm nach England zu gehen – wie er sich das erträumt hatte –, nahm er sich das Leben.

Lina Loos wurde nach der Katastrophe in Wien geächtet und ging nach Amerika, um dort ein neues Leben zu beginnen. Doch die Schauspielerin kehrte noch vor dem Ausbruch des Ersten Weltkrieges nach Wien zurück, war hier am Raimund- und am Volkstheater engagiert, wurde aber nur in kleineren Rollen eingesetzt.

Sie starb im Juni 1950 im Alter von 67 Jahren in Wien, ohne je wieder geheiratet zu haben.

»Die Situation schrie nach einer stürmischen Affäre«

Die seltsame Lovestory der Lotte Lenya

Wenn sie als Seeräuber-Jenny in der *Dreigroschenoper* auftrat, lagen ihr die Männer zu Füßen, denn keine konnte die lasziven Hurenlieder singen wie sie. Die in Wien geborene Lotte Lenya zählte in den »wilden« 1920er-Jahren zu den größten

Stars in Berlin und später in New York und Hollywood. Pikant war aber auch ihr Privatleben.

Lotte Lenya war 1898 als Caroline Blamauer in der Wiener Vorstadt Penzing zur Welt gekommen, wo sie in tristen Verhältnissen aufwuchs. Die Mutter war Wäscherin, der Vater ein alkoholkranker Kutscher, der sie misshandelte. Mit fünfzehn gelang ihr die Flucht über Zürich nach Berlin, wo sie sich als Tänzerin und Sängerin durchschlug.

Sie lernte den Komponisten Kurt Weill kennen und heiratete ihn 1926. Zwei Jahre später feierte *Die Dreigroschenoper* von Kurt Weill und Bert Brecht ihre Uraufführung, in der Lotte Lenya als Seeräuber-Jenny glänzte. Selbst der Umstand, dass ihr Name im Programmheft vergessen wurde, konnte ihren Durchbruch nicht verhindern: Lotte Lenya wurde zum Idol und machte die Lieder ihres Mannes zu Schlagern.

1932 gastierte sie mit Weills Oper *Aufstieg und Fall der Stadt Mahagonny* am Wiener Raimund Theater – und verliebte sich gleich auf der ersten Probe in den Tenor Otto Pasetti. Ihr Leben war davor schon von amourösen Eskapaden bestimmt, doch jetzt war es mehr: Pasetti verließ Frau und Kinder und zog mit der Geliebten in ein Hietzinger Hotel.

»Die Situation schrie nach einer stürmischen Affäre«, rechtfertigte sich Lotte Lenya in einem Brief an ihren in Berlin gebliebenen Mann. »Ich hab dich mit dem schönen Otto nicht betrogen – jetzt einmal abgesehen von diesem dummen, animalischen Körperaneinanderreiben, also ja, das schon! Aber innerlich war ich bei Dir, wenn du verstehst, was ich meine. Auch wenn ich mit Pasetti in Wien schlief.«

Das Liebespaar reiste nach Monte-Carlo und verlor am Roulette-

»Die Situation schrie nach einer stürmischen Affäre«

»Aber innerlich war ich bei Dir, wenn du verstehst, was ich meine«: Lotte Lenya

tisch seine Ersparnisse. Da scheute die treulose Ehefrau nicht davor zurück, sich von ihrem verlassenen Mann Geld schicken zu lassen. Auch der hatte mittlerweile bei einer anderen, ebenfalls verheirateten Frau Trost gefunden.

Die Lenya ließ sich von Kurt Weill scheiden, doch als ihre Affäre mit Otto Pasetti nach drei Jahren endete, kehrte sie zu ihrem Ex-Mann zurück. 1935 emigrierten sie gemeinsam in die USA und heirateten dort noch einmal. Nach Weills Tod im Jahr 1950 feierte sie als Seeräuber-Jenny am Broadway ein umjubeltes Comeback. Später drehte sie einige Hollywoodfilme und wurde für den Oscar nominiert. Ihren größten Erfolg feierte sie 1963 als KGB-Agentin in dem James-Bond-Film *Liebesgrüße aus Moskau* an der Seite von Sean Connery.

Sie starb 1981 im Alter von 83 Jahren in New York.

Spurensuche in der Welt der Liebe

Marlene Dietrichs Wiener Liebesabenteuer
Die Romanze mit Willi Forst

Sie war noch ganz unbekannt, damals im Jahr 1927, als sie in den Wiener Kammerspielen und am Theater in der Josefstadt auftrat. Eine Zeitungskritik nahm von dem künftigen Weltstar vorerst nur mit den Worten »Marlene Dietrich darf viel Bein zeigen« Notiz. Mindestens so aufregend wie ihre Auftritte war aber ihr Privatleben, hatte sie doch während ihres Wien-Gastspiels ein stürmisches Liebesabenteuer mit dem Filmstar Willi Forst.

Und das kam so: Während die 26-jährige Dietrich in den Kammerspielen auftrat, drehte der Regisseur Gustav Ucicky in den Studios der Wiener *Sascha-Film* den Stummfilm *Café Elektric*, in dem Marlene mit Willi Forst eine Liebesszene hatte. Bald waren die Schauspieler auch privat ein Paar – und das, obwohl beide verheiratet waren. »Wir flogen vom ersten Augenblick aufeinander«, hinterließ Willi Forst in seinen handgeschriebenen Aufzeichnungen, die seine Nichte Melanie Langbein nach seinem Tod im Jahr 1980 in einer Schreibtischlade fand. »Noch in derselben Nacht lagen wir uns in den Armen. Sie war die Erfüllung! Ich betete sie an, keine Frau vorher und nachher war imstande, solche Liebe zu geben.«

Von Willi Forst sind nur diese wenigen Zeilen über seine Beziehung mit der Dietrich erhalten geblieben. Er selbst verbrannte aus Rücksicht auf seine Frau alle ihre Briefe. Marlene Dietrich war zwar auch verheiratet, doch wurde bei ihr die eheliche Untreue nicht verheimlicht, schreibt ihre Tochter Maria Riva in ihren Lebenserinnerungen: »Als meine Mutter endlich aus Wien zurückkam, brachte sie einen neuen Freund mit, ihren Filmpartner Willi Forst. Ich

Marlene Dietrichs Wiener Liebesabenteuer

»Wir flogen vom ersten Augenblick aufeinander«: Marlene Dietrich und Willi Forst in Wien

begrüßte ihn artig mit einem Knicks, und er tätschelte meinen Kopf. Er schüttelte meinem Vater, den er zu kennen schien, die Hand und war fortan bei uns zu Gast.«

Da die Dietrich im Gegensatz zu Forst keine Probleme hatte, seine Liebesbriefe aufzubewahren, wissen wir, dass die Beziehung noch längere Zeit anhielt. »Ich gäbe ein Jahr meines Lebens«, schreibt er ihr 1935, bereits nach Amerika, »wenn ich Dich jetzt nur einen halben Tag bei mir haben könnte. Immer wieder sehe ich mir Deine Bilder an, immer wieder lese ich Deine süßesten Briefe, immer wieder spiele ich Deine Platten, und nichts hilft. Es ist zum Verzweifeln.« Willi Forsts Briefe an Marlene Dietrich sind in der *Marlene Dietrich Collection* im Filmmuseum Berlin aufbewahrt.

Spurensuche in der Welt der Maler

Der Frauenheld und der Maler
Casanovas vergessener Bruder

Der große Frauenheld Casanova hatte einen jüngeren Bruder namens Francesco, der zu Unrecht vergessen ist, war er doch der bedeutendste Schlachtenmaler seiner Zeit. Francesco Casanova lebte mehr als zwanzig Jahre in Wien und Umgebung und war – seinem berühmten Bruder nicht ganz unähnlich – zumindest ein bisschen ein Filou.

Das Schauspielerehepaar Gaetano und Zanetta Casanova hatte sechs Kinder, von denen zwei Geschichte schrieben: Giacomo als Frauenheld und Francesco als Maler. 1727 in London zur Welt gekommen, war Francesco zwei Mal verheiratet – und bewies schon in der Wahl seiner Frauen, dass er über ähnliche Qualitäten wie sein Bruder verfügte. Francescos erste Gemahlin war die Mätresse des Marschalls von Saincy, der sich großzügig dafür erkenntlich zeigte, Casanovas Frau auch weiterhin beglücken zu dürfen: Er ließ dem Maler viele Aufträge zukommen, sodass dieser wohlhabend wurde und – wie Bruder Giacomo in seinen Memoiren schreibt – »ein großes Haus mit Dienerschaft führen konnte«.

Auch Ehefrau Nummer zwei war eine Mätresse und wurde von ihrem Galan, dem Grafen von Montbarrey, mit einer großen Mitgift

Der Frauenheld und der Maler

ausgestattet, die Francesco mit Freuden einstreifte – wofür Madame zwei uneheliche Söhne in die Ehe mitbrachte.

Trotz der beiden »guten Partien« litt der Maler – auch darin seinem Bruder wesensverwandt – oft unter finanziellen Nöten. Seine verschwenderische Lebensweise führte dazu, dass der zum »Königlichen Hofmaler« avancierte Künstler Paris 1783 hoch verschuldet verlassen musste. Bruder Giacomo wusste aus Erfahrung, was in so einem Fall zu tun war: Er organisierte Francescos Flucht nach Wien – und führte ihn hier in die feine Gesellschaft ein.

Mit Erfolg, denn Casanova wurde zum Lieblingsmaler des mächtigsten Mannes in Wien, des Staatskanzlers Kaunitz. Waren seine Kolossalschinken einst in Paris entstanden, so wurden sie jetzt in seinem Atelier auf der Wieden gemalt – auf ein wirkliches Schlachtfeld hat sich der Schlachtenmaler nie begeben.

Francesco hinterließ, ganz im Gegensatz zu Giacomo, keine Informationen über die Zahl seiner Geliebten, doch darf vermutet werden, dass auch er ein Casanova war. Der Maler lebte in Wien auf großem Fuß und widmete dem schönen Geschlecht einen beträchtlichen Teil seines Budgets.

Im Jahr 1799 ließ sich der Maler in einer Villa am Fuße der Meiereiwiese in der Vorderbrühl bei Wien nieder, wo er seinen Lebensabend verbrachte. Sein Tod im Jahr 1803 mit 76 Jahren bewahrte ihn – kurz nach Eröffnung eines Konkursverfahrens – vor der völligen Verarmung.

Francescos Bilder befinden sich heute im Pariser Louvre, im Wiener Belvedere, in der Bayerischen Staatsgemäldesammlung und vielen anderen wichtigen Museen.

Das Atelier des Malerfürsten
Hans Makart und seine Skandalbilder

Als der 1840 in Salzburg als Sohn eines Dienstboten geborene Hans Makart von Kaiser Franz Joseph nach Wien geholt wurde, verlangte er ein Atelier mit Fünf-Zimmer-Wohnung, worauf ihm die einstige k. k. Kanonengießerei in der Gußhausstraße auf der Wieden zur Verfügung gestellt wurde. Das überbordend, mit viel Plüsch eingerichtete Studio war bald Mittelpunkt rauschender Feste, an denen Richard Wagner, Franz Liszt und die Schauspielerin Sarah Bernhardt teilnahmen; 1872 kam sogar Kaiserin Elisabeth, die aber angesichts der dort gezeigten »Skandalbilder« kein Wort mit dem Künstler sprach.

Das Atelier des Exzentrikers stand jedermann offen und wurde zur Touristenattraktion. Menschenmassen pilgerten täglich zwischen 17 und 18 Uhr gegen Eintrittsgeld zu Makart. Wer außerhalb der Besuchszeiten kam, um ihn in seinem zwei Stock hohen Salon inmitten seiner Porträt- und Historienbilder beobachten zu können, musste ein Vielfaches zahlen.

Im Atelier durfte man Makarts neueste Schöpfungen bewundern, die durch ihre morbiden und erotischen Darstellungen viele Skandale hervorriefen. Wer sich einen echten Makart leisten konnte, zahlte bis zu 100 000 Gulden*. Sein Lebensstil war freilich so aufwendig, dass er trotz der enormen Einnahmen oft in Geldschwierigkeiten steckte.

---

* Die Summe entspricht laut Statistik Austria im Jahr 2020 einem Betrag von rund 350 000 Euro.

Das Atelier des Malerfürsten

Die Frauen lagen ihm zu Füßen: der »Skandalmaler« Hans Makart

Den Frauen, die ihm zu Füßen lagen, sprach er reichlich zu – was ihm letztlich zum Schicksal wurde. Seine erste Frau Amalie starb jung, über seine zweite Frau Bertha rümpften die Wiener die Nase, da sie als Primaballerina auch halbnackt tanzte, was man damals fast mit Prostitution gleichstellte.

Doch derlei Skandale taten Makarts Popularität keinen Abbruch, im Gegenteil, der Kult um ihn setzte sich fort. Er wurde so verehrt, dass sich vor der Auslage seines Stammcafés *Fenstergucker* auf der Kärntner Straße Trauben gaffender Bewunderer bildeten, die ihm zusahen, wenn er Hof hielt oder Schach spielte.

In seinen letzten Lebensjahren wurde das Auftreten des Malers immer skurriler. Einmal verkroch er sich bei einem Atelierfest im eigenen Dachfirst, von wo aus man ihn nur mit sanfter Gewalt herunterholen konnte.

Wiens letzter Malerfürst starb 1884 mit nur 44 Jahren an progressiver Paralyse, einer Spätfolge der Syphilis. Nach seinem Tod begann sein sagenhafter Ruhm zu verblassen, Klimt und Schiele waren die neuen Götter.

Die Tragödie eines großen Malers
Richard Gerstls fatale Liebesgeschichte

Er wurde nur 25 Jahre alt und zählt doch zu den bedeutendsten Expressionisten des Landes. Eine dramatische Liebesgeschichte führte zu seinem frühen Ende.

Richard Gerstl wurde 1883 in Wien geboren und wuchs in gutbürgerlichen Verhältnissen auf. Im Jahr 1906 freundete er sich mit dem Zwölfton-Komponisten Arnold Schönberg an, in dessen Freundeskreis er aufgenommen wurde. Gerstl malte sowohl den Musiker als auch dessen Frau, zu der sich bald eine innige Beziehung entwickeln sollte.

Das Ehepaar Schönberg nahm bei Gerstl Malunterricht, der so weit ging, dass man sich ein gemeinsames Atelier teilte. Die Sommerferien des Jahres 1908 verbrachten Arnold und Mathilde Schönberg, die als große Schönheit beschrieben wird, mit Richard Gerstl gemeinsam in Gmunden am Traunsee.

Während Schönberg an seinem Urlaubsort unermüdlich mit Kompositionen beschäftigt war, kamen sich Mathilde und Gerstl immer näher. Nach dreiwöchigem Aufenthalt überraschte der Komponist seine Frau mit dem befreundeten Maler in flagranti. Das

Die Tragödie eines großen Malers

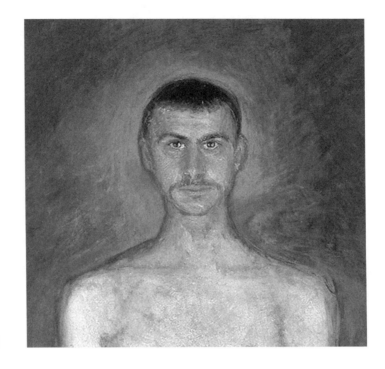

Fatale Liebe zur Frau des Komponisten Arnold Schönberg: Selbstporträt von Richard Gerstl

ertappte Paar verließ den Urlaubsort und verbrachte die erste Nacht in einer nahe gelegenen Pension, ehe es die Flucht nach Wien antrat. Drei Tage später besann sich Mathilde eines Besseren und kehrte zu ihrem Mann nach Gmunden zurück.

Nach dem Ende der Sommerferien traf das Liebespaar weiterhin zusammen, bis sich Mathilde durch Anton von Webern, den Komponistenkollegen ihres Mannes, dazu überreden ließ, die Beziehung zu Gerstl aus Vernunftgründen und der beiden Kinder wegen zu beenden.

Für den Maler war der Schock groß. Nicht nur weil er die Geliebte verloren hatte, sondern auch weil er jetzt – nach dem bekannt gewordenen Skandal – aus dem Freundeskreis um Schönberg ausgeschlossen wurde. Gerstl kündigte seinen Selbstmord an und erhängte sich am 4. November 1908 vor dem Spiegel seines Ateliers in der Liechtensteinstraße.

Mathilde Schönberg, für die eine Welt zusammenbrach, schrieb an Gerstls Bruder Alois: »Glauben Sie mir, Richard hat von uns beiden den leichteren Weg gewählt. Leben zu müssen in so einem Fall, ist schrecklich schwer.«

Die Ehe von Mathilde und Arnold Schönberg hielt bis zu ihrem Tod im Jahr 1923. Sie soll in Begleitung ihres Mannes jedes Jahr Gerstls Grab besucht haben.

»In einem Atemzug mit dem Bruder«
Der Wiener Maler Ernst Klimt

Gustav ist das weltberühmte Genie, den um ein Jahr jüngeren Bruder Ernst kennt man kaum. Das liegt weniger an mangelndem Talent als daran, dass Ernst sehr früh starb. Er wurde 1864 in Wien als Sohn eines Graveurs geboren und erlebte wie seine sechs Geschwister eine Kindheit in bitterer Armut. Dennoch folgte Ernst nach der Bürgerschule seinem Bruder Gustav als Student an Wiens Kunstgewerbeschule.

Noch während ihrer Ausbildung arbeiteten die Brüder mit ihrem Studienfreund Franz Matsch an Details der gerade in Bau befindlichen Votivkirche und des Kunsthistorischen Museums mit. Später eröffneten Gustav und Ernst mit Franz Matsch in der Sandwirtgasse in Wien-Mariahilf ein Atelier, das sich bereits nach wenigen Jahren lukrativer Aufträge erfreute: So gestalteten die drei Maler

»In einem Atemzug mit dem Bruder«

eine Reihe von Bildern für das neue Burgtheater, für Schlösser und Palais in Wien und anderen Teilen der Monarchie.

Bald zeigte sich, dass Gustav Klimt mehr Bilder anfertigte als sein Bruder. Und doch: »Ernst Klimt kommt wie Gustav aus dem Historismus, und beide versuchten neue Wege zu gehen«, erklärt der Klimt-Experte Alfred Weidinger, der Ernst »bis 1888 in einem Atemzug« mit dem Genie Gustav nennen würde. »Danach geht er einen anderen Weg, mit dem er sich wohl von Gustav unterscheiden wollte.«

Doch das Schicksal beendete diesen neuen Weg abrupt. Ernst Klimt heiratete 1891 die aus einer angesehenen Fabrikantenfamilie stammende Helene Flöge, die Schwester von Gustav Klimts langjähriger Begleiterin Emilie Flöge. Im November 1892 nahm Ernst Klimt an der Feier zum zweihundertjährigen Bestehen der Wiener Akademie der bildenden Künste teil, bei der er sich eine Verkühlung zuzog. Er starb kurz danach, am 9. Dezember 1892, nur 28 Jahre alt, an einer Herzlähmung. Ihm war wohl zu wenig Zeit gegeben, um wie sein Bruder Kunstgeschichte zu schreiben. Ernst Klimt ließ seine Frau und eine zehn Monate alte Tochter zurück.

Als deren Vormund wurde Gustav Klimt bestimmt, der zwei Jahre nach Ernsts Tod das letzte Bild seines Bruders vollendete.

Es gab noch einen dritten Klimt, der hier zu erwähnen ist: Georg, der jüngste Bruder (1867–1931), war Bildhauer und unterrichtete an der Wiener Kunstschule für Frauen und Mädchen.

Spurensuche in Wiener Gebäuden

»Bete zu Gott, dass ich gesund werde«
Die wahren Todesursachen der Opernarchitekten

Im Allgemeinen wird vermutet, dass Eduard van der Nüll Selbstmord beging, weil er wegen der angeblich misslungenen architektonischen Gestaltung der Wiener Hofoper heftiger Kritik ausgesetzt war. Diese kam vonseiten der Presse, der Bevölkerung, der Politik und sogar vom Kaiser. Der Historiker Otto Schwarz gelangt in seinem Buch *Hinter den Fassaden der Ringstraße* zu einem ganz anderen Schluss.

Denn van der Nüll war todkrank, als er am 4. April 1868 aus dem Leben schied. »Bete zu Gott, dass ich wieder so ganz stark und gesund werde«, schrieb er kurz vor seinem Tod verzweifelt an seine Frau Maria. Der bekannte Pathologe Carl von Rokitansky obduzierte van der Nülls Leichnam und bemerkte, dass bei dem Verstorbenen »nebst Verdickung der inneren Hirnhäute, Verdichtung des Hirnmarkes, ein großes, in der Höhe des Herzbeutels geborstenes Aneurisma der aufsteigenden Aorta vorgefunden wurde.«

Diesem Obduktionsbefund zufolge wäre van der Nüll vermutlich auch ohne den Entschluss, sich das Leben zu nehmen, bald gestorben. Klar ist, »dass ein Aneurisma, also eine krankhafte Gefäßausweitung, beim Platzen den sofortigen Tod des Patienten bedeutet hätte«, schreibt Otto Schwarz. »Es steht daher fest, dass

Hätte wohl nicht mehr lange zu leben gehabt: Architekt Eduard van der Nüll

van der Nülls größtes Problem in seinen letzten Lebensmonaten seine Erkrankung gewesen ist. Die psychische Belastung durch den Opernbau kam allenfalls hinzu.« Eduard van der Nüll litt auch unter starken Kopfschmerzen.

Die *Neue Freie Presse* meldete darüber hinaus in ihrem Nachruf, dass van der Nüll »schon seit Monaten einer tiefgehenden Melancholie verfallen war, dass Vorfälle, die er sonst mit Lächeln übergangen, nun höchst verstimmend auf ihn wirkten und er, wie einer seiner Freunde diesen Zustand bezeichnet, die ganze Welt Grau in Grau sah.«

Der Stararchitekt litt also neben seinen physischen Beschwerden auch an einer schweren Depression. Einen familiären Grund, sich das Leben zu nehmen, hätte es nicht gegeben, van der Nüll war erst seit wenigen Monaten glücklich verheiratet, und seine junge Frau war hochschwanger, als er sich 56-jährig in seiner Wohnung erhängte.

Auch der Miterbauer der Oper, August Sicard von Sicardsburg, der nur zwei Monate nach seinem Kompagnon van der Nüll starb, war seit einiger Zeit schwer krank. Er dürfte also nicht, wie oft kolportiert, aus Gram über den Tod seines Freundes gestorben sein, sondern erlag vielmehr am 11. Juni 1868 seiner Tuberkuloseerkrankung.

»Im Burgtheater hört und sieht man nichts«
Ein architektonischer Skandal

Im Herbst 1888 erlebte die Theaterstadt Wien – nach der Oper – den zweiten großen Bauskandal der Ringstraßenära. Mit der neuen Spielsaison war das alte Burgtheater geschlossen und das neue an der Ringstraße eröffnet worden.

Das bisherige Hoftheater am Michaelerplatz hatte durch seinen intimen Charme einen ganz besonderen Charakter. Es war klein, die Ausstattung vornehm und einfach, die angrenzenden kaiserlichen Gemächer ließen es zu einem Teil der Hofburg werden. Doch mit der Neugestaltung der Ringstraße wurde auch ein Platz für das neue Burgtheater frei.

1881 hatte man mit dem Bau vis-à-vis des Rathauses begonnen, sieben Jahre später sollte es feierlich eröffnet werden. Die Schauspieler kamen vom Michaelerplatz herüber, um sich die neue »Burg« anzusehen – und waren schockiert. Es war groß und prächtig, Stiegenaufgänge und Foyers elegant, der neue Renaissancestil verlangte viel Marmor und reichen plastischen Schmuck. Doch die Mitglieder des Ensembles erkannten, dass der kammerspielartige, intime Stil, der das alte Haus geprägt, ihm Tradition verschafft und sein Ansehen über alle anderen Hoftheater des deutschsprachigen Raums hinausgeführt hatte, dahin war. Zudem war die Akustik schlecht und aus verschiedenen Rängen konnte man die Bühne kaum wahrnehmen.

Der Hofschauspieler Hugo Thimig notierte nach den ersten Proben in sein Tagebuch: »Es spricht sich wie am Meeresstrande, ins Endlose ... Probe zu *Götz* im neuen Hause. Alles ist verzweifelt über die Schwerfälligkeit des Bühnenapparats ... *Wallensteins Lager* in

»Eine prunkhafte Gruft aller echten Kunstbestrebungen ist dieses Haus«: das neue Burgtheater an der Wiener Ringstraße

Anwesenheit des Kaisers: Das Stück langweilte. Theils durch die großen Dimensionen des Hauses, die das Individuelle verwischen, theils durch zu lautes, gleichmäßiges und forcirtes Sprechen der Schauspieler, die glauben, den großen Raum stimmlich füllen zu müssen … Alle Collegen sind tief traurig. Eine prunkhafte Gruft aller echten Kunstbestrebungen ist dieses Haus.«

Der Volksmund spöttelte: »Im Parlament hört man nichts, im Rathaus sieht man nichts und im Burgtheater hört *und* sieht man nichts!«

Darüber hinaus herrschte im ganzen Haus eine furchtbar unangenehme, für alle spürbare permanente Zugluft. Der Schauspieler Ernst Hartmann spuckte während einer Probe seinen Zeigefinger an, lief durch den Zuschauerraum und rief: »Ausgezeichneter Segelwind!«

In der Öffentlichkeit regte man sich vor allem darüber auf, dass dieses »kalte Prunkgewölbe ohne jegliche Stimmung« nicht weniger als 21 Millionen Gulden* gekostet hatte. »Mit einem Zehntel hätte ein praktisches, schönes und heiliges Heim unserer Kunst geschaffen werden können«, vermerkte Hugo Thimig.

Natürlich blieben nach dem Debakel die Intrigen nicht aus. Das Burgtheater war nach Plänen des Ringstraßenarchitekten Gottfried Semper von Carl Freiherr von Hasenauer errichtet worden. Hasenauer war es noch zur Eröffnung des Theaters gelungen, den Namen Semper bei den Feierlichkeiten zu eliminieren. Nun aber, da das Burgtheater zum Skandal wurde, drehte Hasenauer den Spieß um.

»Die große Gemeinheit ist die«, notierte Thimig, »dass nun, da es Herrn Hasenauer an Kopf und Kragen geht, der Name Semper als Schild vor ihm gehalten wird. Bei der Eröffnung des Hauses fand sich keine Zunge und keine Feder, die diesen Namen des Schöpfers der herrlichen Façade nannte und alle Ehren sollten sich nur auf das Haupt Hasenauers ergießen. Jetzt auf einmal hat Herr Semper Alles verschuldet!«

Thimig weiter im Tagebuch: »Mit verbrecherischem Leichtsinn wurde unser Institut dem Abgrunde zugeführt … Das Einzige, was uns retten kann, ist ein neues Haus, oder die vollständige Umgestaltung des jetzigen … Der Kaiser wird nervös gereizt, wenn er nur das Wort Burgtheater hört, zu einem Machtspruche, der uns Hilfe brächte, fehlt ihm das moralische Rückgrat, die Theilnahme.«

Der Schriftsteller und ehemalige Burgtheaterdirektor Adolf Wilbrandt setzte auf Ersuchen der Ensemblemitglieder eine Schrift an Franz Joseph auf, und Katharina Schratt versprach den Kollegen,

---

* Die Summe entspricht laut Statistik Austria im Jahr 2020 einem Betrag von rund 230 Millionen Euro.

»dieselbe dem Kaiser zur Einsicht zu geben«. Die Schratt teilte Hugo Thimig mit, dass ihr der Kaiser gesagt habe, dass ihm die Schrift gefallen hätte und dass er Thimig in dieser Angelegenheit persönlich zu sprechen wünschte.

Die Unterredung Kaiser–Schratt–Thimig fand im Haus der Hofschauspielerin in der Gloriettegasse bei Kaffee und Gugelhupf statt. »Der Kaiser begrüßte mich gnädigst und schlug sofort einen freien und ungebundenen Ton an, der mich für meine Mittheilungen ermuthigte«, schrieb Hugo Thimig.

»Nun, also, Sie haben etwas zu sagen«, erklärte der Kaiser.

»Majestät, das neue Theater ist so schön und herrlich ...«

»Ja, ja«, unterbrach der Kaiser, »schön und herrlich – doch nun zur Sache.«

»... aber es ist unbrauchbar, die Tradition der alten Burgtheaterschule fortzusetzen. Es ist zu hoch, zu groß«, und nun führte Thimig alle Mängel des neuen Hauses im Detail an und betonte, dass nur eine Verminderung der Saalhöhe oder ein neues Haus das Burgtheater retten könnte.

Franz Joseph hörte gespannt zu, erklärte seine persönliche Unzufriedenheit mit dem neuen Theater, sagte dann aber: »Ein neues Haus kann man doch ohne weiteres nicht bauen, wo das jetzige so ungeheure Summen gekostet hat.«

Und doch hatte die Unterredung Thimigs mit dem Kaiser im Beisein der Schratt Erfolg: Im April 1897, also fast neun Jahre nach Eröffnung des Hauses (und nachdem Hasenauer verstorben war), wurde das Burgtheater von Grund auf umgebaut, und ein Teil der Mängel konnte behoben werden.

Zu ihrer vollen Wirkung gelangte die Akustik aber erst durch den Wiederaufbau des Burgtheaters nach dem Zweiten Weltkrieg.

Spurensuche in Wiener Gebäuden

Unter keinem guten Stern
Das Palais, in dem Mary Vetsera wohnte

Es war ein entzückendes kleines Palais, und es trug einen Namen, der ein tragisches Kapitel österreichischer Geschichte darstellt. Bis das Palais Vetsera in der Salesianergasse 11 in Wien-Landstraße abgerissen wurde. Es war das Haus, in dem die letzte Geliebte des Kronprinzen Rudolf aufgewachsen war.

Mary Vetsera hatte das Palais 1880, als sie gerade neun Jahre alt war, mit ihren Eltern und drei Geschwistern bezogen. Die Familie war wohlhabend und konnte sich die jährliche Miete in Höhe von 3417 Gulden* leisten. Das 1794 erbaute dreistöckige Gebäude hieß – nach seinem Eigentümer – eigentlich Palais Salm, wurde aber infolge des zu so trauriger Berühmtheit gelangten Namens nach der Tragödie von Mayerling von den Wienern nur noch Palais Vetsera genannt.

Anfangs herrschte heiteres Treiben in dem Palais. Während der Vater als Diplomat meist im Ausland weilte, gab Marys lebenslustige Mutter – die Jahre vor ihrer Tochter selbst ein Verhältnis mit Kronprinz Rudolf gehabt haben soll – ausgelassene Feste.

Doch das Leben der Familie in dem Gebäude stand von Anfang an unter keinem guten Stern. Mary war gerade zehn Jahre alt, als ihr ältester Bruder Ladislaus nicht mehr ins elterliche Palais heimkehrte. Er hatte am 8. Dezember 1881 die Vorstellung von *Hoffmanns Erzählungen* besucht, während der das Wiener Ring-

---

* Die Summe entspricht laut Statistik Austria im Jahr 2020 einem Betrag von 35 000 Euro.

Hier wohnte die Geliebte des Kronprinzen bis zu ihrem tragischen Ende: das Palais Vetsera in der Wiener Salesianergasse

theater abbrannte. Der sechzehnjährige Militärschüler war eines der 384 Todesopfer. Zwei in den Trümmern gefundene Manschettenknöpfe gaben den verzweifelten Eltern Gewissheit, dass ihr Sohn im Flammenmeer des Ringtheaters umgekommen war.

Am Morgen des 28. Jänner 1889 verließ die siebzehnjährige Mary Vetsera das Palais, um zu Fuß den Weg in die Hofburg anzutreten, von wo sie von Rudolfs Leibfiaker Bratfisch nach Mayerling gefahren wurde. Hier ereilte sie 48 Stunden später ihr Schicksal, als Kronprinz Rudolf auf sie schoss und danach Selbstmord verübte. Ihre Mutter Helene, die 1925 im Alter von 78 Jahren starb, sollte auch ihre beiden anderen Kinder überleben.

Nach Marys tragischem Tod änderte sich das Leben in der Salesianergasse 11 grundlegend. Von Festen konnte keine Rede mehr sein, die Schatten von Mayerling legten sich über das elegante Haus, in dem jetzt eine gespenstische Stille herrschte.

Einige Jahre nach Marys Tod musste die inzwischen verwitwete Helene Vetsera das Palais aus finanziellen Gründen aufgeben und in eine Mietwohnung ziehen.

1902 wurde das Gebäude von der amerikanischen und 1911 von der japanischen Gesandtschaft bezogen. Als man 1916 die heutige Neulinggasse verlängerte, wurde das Palais Vetsera abgetragen.

»Komm mit mir ins Chambre séparée«
Pikante Geheimnisse im Hotel Sacher

Über das Hotel *Sacher* zu Wien lassen sich viele Geschichten erzählen. Von der eleganten Welt des Fin de Siècle. Von der obsessiven Hundeliebe der Prinzipalin Anna Sacher. Von der weltberühmten Torte aus hauseigener Produktion. Aber auch eine recht frivole Geschichte: die Geschichte der Sacher-Séparées. Nicht nur Schnitzlers Anatol soll in solch einem diskreten Extrazimmer mit seinem »süßen Mädel« soupiert haben, sondern auch leibhaftige Staatsmänner, Aristokraten und Industrielle.

Insgesamt gab es im ersten Stock des *Sacher* zwölf solcher Séparées, die ursprünglich für ganz harmlose Zwecke errichtet worden waren. Hier sollten, unbemerkt von den übrigen Restaurantgästen, politische und geschäftliche Gespräche stattfinden. Und sie

»Komm mit mir ins Chambre séparée«

fanden auch wirklich statt. In einem der Räume wurden historische Verträge zwischen der österreichischen und der ungarischen Reichshälfte der Donaumonarchie abgeschlossen, in einem anderen hatte der ungarische Ministerpräsident Stephan Graf Tisza eine politische Unterredung – wenige Tage, bevor er im Oktober 1918 einem Attentat zum Opfer fiel.

Doch nur aufgrund solch hochseriöser Verhandlungen und Geschäftsessen wären die Séparées nicht so berühmt geworden. »Soupieren geht über Regieren«, lautete die Devise, der bald Grafen, Fürsten und Erzherzöge huldigten, um die verschwiegenen Räumlichkeiten des *Sacher* für ihre Rendezvous mit den Ballettmädeln der gegenüberliegenden Hofoper zu beziehen.

»Die Séparées waren mit roter Seide tapeziert«, beschreibt Leo Mazakarini die exklusiven Extrazimmer in seinem Buch *Das Hotel Sacher zu Wien*. »Samtvorhänge lieferten eine entsprechend diskrete Atmosphäre. An der Decke hingen Kronleuchter, an den Wänden Kristallspiegel; neben einem Esstisch standen da bequeme Plüschsofas.« In dieser Stimmung ließ es sich nach einem famosen Diner und bei einer Flasche Champagner zärtlich zur Sache kommen.

Die Aufsicht über die für delikate Abenteuer vermieteten Séparées des 1876 erbauten Hotels hatte der Oberkellner Wagner, der fünfzig Jahre lang in Diensten des *Sacher* stand. Sein einziger Kommentar, nach dem Geschehen in den Séparées befragt, lautete: »Die das alles erlebt haben, wissen es. Und die das alles nicht kennen, was kann die das interessieren?« Was tatsächlich hinter den schweren Eichentüren der Séparées geschah, das hat der Ober Wagner bis an sein Lebensende für sich behalten. Die Trinkgelder waren wohl entsprechend.

Zum Rendezvous ins Séparée (Symbolbild aus der satirischen Zeitschrift Simplicissimus*)*

Angeblich hat sogar die legendäre Hotelchefin Anna Sacher nicht gewusst, was sich in ihren sagenumwobenen Séparées abspielte, vermutete die Historikerin Ann Tizia Leitich: »Was nebenbei in den später so berühmten – oder wenn man will, berüchtigten – Chambres séparées vorging, wer dorthin dicht verschleiert zum Rendezvous kam, um drinnen in der Zweisamkeit der vier Wände vor eisgekühltem Champagner und silberblinkend gedecktem Tisch mit heißen Handküssen empfangen zu werden, das entzog sich auch den immer wachen Augen der Frau Sacher.«

Ich glaube, hier wurden die immer wachen Augen der Frau Sacher etwas unterschätzt – die clevere Prinzipalin wusste sehr genau, was in ihren *Séparées* vor sich ging.

Die bekannteste Anekdote über die Séparées gibt es in mehreren Versionen, eine davon lautet: Erzherzog Otto – genannt »der schöne Otto« und seinerseits Vater des späteren letzten Kaisers Karl – champagnisierte mit einer Balletteuse im *Sacher*-Séparée. Als Kaiser Franz Joseph vom skandalösen Aufenthaltsort seines Neffen erfuhr, schickte er einen Boten mit dem Befehl, der Erzherzog möge augenblicklich in die Hofburg kommen: »Und zwar so, wie er grade ist!« – Daraufhin sei ein groß gewachsener Herr über die Ringstraße marschiert, der mit nichts anderem bekleidet war als mit weißen Handschuhen, Reitstiefeln und seiner Uniformkappe.

Die Geschichte ist garantiert erfunden, aber man kann sich ausmalen, welchen Ruf das *Sacher* damals hatte.

Fest steht somit, dass die Sachertorte nicht die einzige Sünde ist, die man hier genießen konnte.

Ein Schloss für arme Kinder
Die Republik übernimmt Schönbrunn

Schönbrunn war plötzlich wie ausgestorben. Kaiser Karl und seine Familie hatten am 11. November 1918 ihre Residenz verlassen. Schon am nächsten Tag ging das »Schloss ohne Kaiser« wie die meisten Habsburgerbesitzungen in das Eigentum der Republik Österreich über. Aber was sollte mit dem prunkvollen Schloss geschehen? Touristen, die das interessiert hätte, gab es damals kaum.

Es war Wiens Vizebürgermeister Max Winter, der als Obmann der Kinderfreunde wusste, dass der Gesundheitszustand Tausender Mädchen und Buben mehr als besorgniserregend war. Besonders in der einstigen Reichs- und Residenzstadt war die Ernährungslage katastrophal. Es herrschte unbeschreibliche Wohnungsnot, die meisten Quartiere hatten weder einen Wasseranschluss noch Sanitäranlagen, was zu lebensbedrohlichen Krankheiten wie Rachitis und Tuberkulose führte. Vor allem Kinder und Jugendliche waren davon betroffen.

Vizebürgermeister Winter forderte im Gemeinderat, dass die ehemaligen Räume der Dienstboten in Schönbrunn als Erholungsheim für Kinder – von denen viele Kriegswaisen waren – verwendet werden sollten.

Im Rathaus kam es zu langen Diskussionen, die eine »österreichische Lösung« zur Folge hatten: Während der »rote« Vizebürgermeister den »Valerietrakt« des Schlosses für »seine« Kinder erhielt, wurde der »Kavalierstrakt« christlichsozialen Organisationen zur Verfügung gestellt. Davon profitierten vor allem Kriegsinvalide, die in diesen Wochen und Monaten aus den Spitälern entlassen wurden.

Bis es zur politischen Einigung kam, dauerte es seine Zeit. Zunächst wurde im Mai 1919 mit amerikanischen Spendengeldern in der ehemaligen Schönbrunner Hofküche eine Kinderausspeisung eingerichtet, in der täglich bis zu siebentausend hungernde Kinder versorgt wurden. Im darauffolgenden Sommer stellten die Kinderfreunde hundert Betten auf, in denen Mädchen und Buben schlafen konnten. Insgesamt wurden im zweiten und dritten Stock des Schlosses 84 Räume frei gemacht.

Die Arbeiterkinder fühlten sich wie im Traum, als sie den ehemaligen Kaiserpalast bezogen. Neben Betten und Ausspeisungen wurden den Mädchen und Buben Bekleidung und Schuhe zur Verfügung gestellt. Und auch die Kriegsinvaliden erhielten menschenwürdige Unterkünfte. So wurde das Schloss für viele zur Rettung aus schlimmster Not.

Bald kamen die Räumlichkeiten anderer Habsburgerpaläste dazu, sodass den Ärmsten der Armen geholfen werden konnte.

Garage oder Gemeindebau

Um ein Haar hätte man die Staatsoper abgerissen

In den ersten Tagen der Zweiten Republik gab es ernsthafte Bestrebungen, das Gebäude am Wiener Opernring abzureißen. Ein Wohnbau oder ein Garagenhaus waren als Alternativen angedacht.

Die Republik Österreich war eben erst wiedererstanden, als Bauexperten zur bombardierten und fast völlig zerstörten Oper entsandt wurden, um den Zustand des Gebäudes zu bewerten. Einige waren dafür, das Haus so aufbauen zu lassen, wie es 1869 eröffnet worden war, andere meinten: »Reißen wir die Ruine ab, bauen wir eine neue, moderne Oper, womöglich an den Rand der Stadt.«

Eine starke Front für den Abriss bildete sich in der Bauwirtschaft, die sich von einem Wohn- oder Garagenbau auf dem Gelände in bester Wiener Lage ein gutes Geschäft erhoffte. Es hätte auch so kommen können wie in mehreren deutschen Städten, in denen bombenbeschädigte Theaterbauten dem Erdboden gleichgemacht und durch neue ersetzt wurden. Im »Emmentalerstil«.

»Viele, auch namhafte Personen, vor allem die jungen Architekten, plädierten für einen Abriss«, schreibt die Kunsthistorikerin Maria Kramer in dem Buch *Die Wiener Staatsoper. Zerstörung und Wiederaufbau*. »Man schätzte in dieser Zeit den Historismus noch sehr wenig und sah in einem Opernhaus-Neubau bessere Möglichkeiten, einen modernen, der Zeit entsprechenden Theaterbetrieb einrichten zu können.«

Der berühmte Architekt Wilhelm Holzbauer bestätigte das: »Wir, die Studenten der Meisterklasse von Clemens Holzmeister, waren

Spurensuche in Wiener Gebäuden

Fast wäre die Wiener Staatsoper abgerissen worden – hier noch vor ihrer Zerstörung am 12. März 1945.

mehrheitlich für den Abriss, das war damals revolutionär. Später war ich froh, dass es nicht dazu gekommen ist und uns die Oper erhalten blieb.«

Nach fast einjährigem Streit beschloss ein von Bundeskanzler Leopold Figl einberufenes Opernbau-Komitee im März 1946 endlich »die Wiederherstellung des früheren Bauzustandes«, wobei »das Äußere des Gebäudes keine nennenswerten Abweichungen von der historischen Ringstraßenarchitektur aufweisen« durfte. In einem Wettbewerb siegte der Entwurf des Architekten Erich Boltenstern, der sich der Tradition verpflichtet fühlte, aber die technischen Erfordernisse eines modernen Theaterbetriebs mit einbezog. Die achtjährigen Bauarbeiten verschlangen die damals sagenhafte Summe von 260 Millionen Schilling.

Heute wissen wir, dass die Investition ihr Geld wert war.

Spurensuche in der Politik

Spurensuche in der Politik

Die Türken vor Wien
Zwei Versuche, die Stadt zu erobern

Die Osmanen hatten seit dem 14. Jahrhundert versucht, ihre Vorherrschaft auf weite Teile Europas auszuweiten. Über Ungarn drangen sie mehrmals auf österreichisches Gebiet vor, fielen über die Steiermark, Kärnten, Nieder- und Oberösterreich her, scheiterten aber zwei Mal an der Einnahme Wiens.

Im Sommer 1529 kamen die Türken mit 120 000 Mann unter Sultan Soliman erstmals bis Wien, das von einem viel schwächeren Heer unter der Führung von Niklas Graf Salm verteidigt wurde. Es war aber weniger die Armee als der anbrechende Winter, der die Angreifer zum Rückzug zwang. Soliman versuchte es zwei weitere Male, nahm Budapest ein, scheiterte aber an Wien.

Dann kam das Jahr 1683. Das türkische Heer unter Großwesir Kara Mustafa stand seit 14. Juli mit dreihundert Kanonen vor den Toren Wiens und baute zwischen Schwechat und Nussdorf ein aus 25 000 Zelten bestehendes Lager auf, während Kaiser Leopold I. und viele Bewohner die Residenzstadt verließen, deren Verteidigung nun in Händen des Grafen Ernst Rüdiger Starhemberg lag.

Inzwischen waren die verbündeten Heere Sachsens, Bayerns und Lothringens mit Zehntausenden Reitern und Infanteristen eingelangt, schienen jedoch gegen die Übermacht der Türken chancenlos. Diese verursachten durch Sprengungen schwere Schäden an der Stadtmauer, die befürchten ließen, dass Wien als Bollwerk des christlichen Abendlandes vom islamischen Morgenland eingenommen würde.

Am 17. August eilte der Kundschafter Georg Franz Kolschitzky mit der Meldung herbei, dass das lang erwartete Entsatzheer unter der Führung des polnischen Königs Jan Sobieski zur Verteidigung Wiens im Anmarsch sei. Tatsächlich brachte es die Rettung, Sobieski schlug am 12. September mit seinen Verbündeten – unter ihnen der erst neunzehnjährige Prinz Eugen von Savoyen – die Türken in die Flucht. Wien war befreit. Und Kara Mustafa wurde auf Befehl des osmanischen Regenten, Sultan Mehmed IV., mit einer Seidenschnur erdrosselt.

»I hab mir halt denkt: Man kann nie wissen!«
Die Spitzel des Fürsten Metternich

Dem österreichischen Staatskanzler Klemens Fürst Metternich waren die im Biedermeier ohnehin stark eingeschränkten Möglichkeiten der Presse ein Dorn im Auge, da er Angst davor hatte, dass Zeitungen revolutionäre Ideen verbreiten könnten. Also wartete er nur auf einen Anlass zur Schaffung der totalen Zensur. Der Anlass war da, als der deutsche Dichter und Diplomat August von Kotzebue im März 1819 von einem Studenten ermordet wurde.

Um die (ohnehin nie abhanden gekommene) »Ruhe wiederherzustellen«, beschloss Metternich bei einem Geheimtreffen deutscher und österreichischer Politiker in Karlsbad die Bekämpfung liberaler Tendenzen durch verschärfte Zensurmethoden.

Hunderte Spitzel saßen von da an in den Redaktionen, um Artikel zu redigieren. Die Korrespondenz der Journalisten wurde ebenso kontrolliert wie die von Ministern, Beichtvätern und Kammerdienern. Metternich ließ sogar die Briefe der Frau des Kaisers lesen und interessierte sich vor allem für die »kleinen Leute«, die nun Angst haben mussten, im Kaffeehaus einen Witz zu erzählen, der die Obrigkeit kompromittieren könnte. Metternich war es wichtig, auf diese Weise von der Stimmung im Volk zu erfahren.

Der Staatskanzler studierte die Berichte seiner Schnüffler genau, sah überall »Anarchisten, Liberale, Communisten, Revolutionäre« und ließ Verdächtige verhaften. Deren Kreis wurde immer größer, bald standen Ärzte, Professoren, Pfarrer und Handwerker unter Verdacht, aber auch demokratisch gesinnte Adelige und vor allem Schriftsteller.

Es ist eine Ironie der Geschichte, dass gerade zur Zeit der Metternich'schen Zensur Österreichs bedeutendste Dramatiker lebten. Und so waren auch Franz Grillparzer, Johann Nestroy und Ferdinand Raimund von den oft lächerlichen Maßnahmen betroffen. Zu den kuriosesten Fällen zählte wohl das Verbot, Grillparzers 1825 entstandenes Drama *König Ottokars Glück und Ende* aufzuführen, obwohl das Stück einer Verherrlichung des Herrscherhauses gleichkam. Als der Dichter Jahre später einen Hofrat der Hofzensurstelle nach den Beweggründen für die widersinnige Aufführungssperre fragte, antwortete der: »Ja, schaun S',

Herr von Grillparzer. Dass in dem Stück nix G'fährliches drinsteht, hab i ja glei' g'sehn. Aber i hab mir halt denkt: Man kann nie wissen!«

Letztlich konnte Metternich trotz seiner scharfen Zensurmethoden den Aufstand des Volkes nicht verhindern. Die Revolution kam, wenn auch mit fast dreißigjähriger Verspätung, und fegte ihn 1848 aus dem Amt.

»Man hat ihn durchsucht und einen Dolch gefunden«
Mordanschlag auf Napoleon in Wien

Es war nicht das erste Mal, dass Wien durch Napoleon erobert wurde. Er war mit seiner Armee bereits im November 1805 in die österreichische Haupt- und Residenzstadt vorgedrungen, um den Habsburger-Kaiser Franz I. aus Schönbrunn zu vertreiben. Hatte man sich damals nach nur sechswöchiger Besatzung auf den Abzug der französischen Truppen geeinigt, so blieben sie vier Jahre später ein halbes Jahr lang in Wien. Und diesmal hätte Napoleon die Eroberung der Stadt beinahe mit dem Leben bezahlt.

Während viele Wiener den Korsen beim ersten Mal noch relativ freundlich empfangen hatten und beim Einzug seiner Regimenter sogar einzelne »Vive l'Empereur«-Jubelrufe zu hören waren, standen ihm im Jahr 1809 die meisten Menschen feindselig gegenüber – vor allem, weil die Verpflegung der 80 000 französischen Soldaten auf Kosten der hungernden Wiener ging.

Am 12. Oktober 1809 nahm der Hass auf Napoleon bedrohliche Ausmaße an: Der aus Erfurt stammende Student Friedrich Staps stürzte sich während einer Parade in Schönbrunn mit einem Dolch auf den Korsen und versuchte ihn zu ermorden. Der Attentäter wurde von Bonapartes Wachen überwältigt und verhaftet, aber der Vorfall ging Napoleon sehr nahe. So nahe, dass er am selben Tag noch an seinen Polizeiminister Fouché nach Paris schrieb: »Ein junger Mann von siebzehn Jahren, Sohn eines protestantischen Pastors, hat versucht, sich bei der heutigen Parade mir zu nähern. Er wurde von Offizieren arretiert, und als man Bestürzung bei diesem klein gebauten Mann bemerkt hat, hat dies Verdacht erweckt. Man hat ihn durchsucht und einen Dolch gefunden. Ich ließ den Nichtsnutz kommen, und er schien mir ziemlich gebildet.«

Tatsächlich ließ es sich der Kaiser der Franzosen nicht nehmen, den Attentäter Staps persönlich zu verhören. Napoleons Dolmetscher, General Rapp, schildert die Einvernahme in seinen Memoiren:

»Wenn ich Sie begnadige«, fragte der Kaiser den Attentäter, »werden Sie mir dann Dank leisten?«

»Nein, ich werde Sie dennoch töten, um Österreich von den Franzosen zu befreien«, antwortete Staps und gestand, den Mord geplant zu haben. Napoleon gab den Befehl, das Attentat geheim zu halten, um eventuelle Nachahmungstäter zu verhindern. »Ich hoffe«, meldete er dem Polizeiminister Fouché, »dass nichts durchsickern wird. Wenn davon die Rede ist, soll man dieses Individuum für verrückt erklären. Behalten Sie alles im Geheimen. Ich wiederhole Ihnen neuerlich, und verstehen Sie mich gut – es soll von dieser Tat überhaupt keine Rede sein.«

»Man hat ihn durchsucht und einen Dolch gefunden«

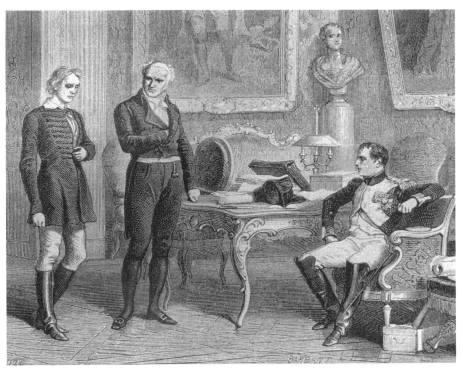

Der Kaiser ließ es sich nicht nehmen, den Attentäter persönlich zu verhören: Friedrich Staps, Dolmetscher und Napoleon (von links)

Friedrich Staps wurde zum Tod verurteilt und am 17. Oktober 1809, fünf Tage nach der Tat, erschossen. Aber der Zwischenfall gab Napoleon zu denken und trug maßgeblich dazu bei, den österreichisch-französischen Krieg zu beenden.

Ein Gulasch für eine halbe Million
Ein Blick in die Zeit der großen Inflation

In den 1920er-Jahren nahm die Inflation in Österreich unvorstellbare Ausmaße an. Ist eine Wiener Durchschnittsfamilie mit zwei Kindern 1919 noch mit 2500 Kronen pro Woche für den Einkauf der dringendsten Lebensmittel ausgekommen, so musste sie im Sommer 1920 für die gleiche Menge das Doppelte ausgeben. Und im Jänner 1921 das Vierfache. Dann ging's rapide weiter: Ende des Jahres 1921 kosteten die gleichen Lebensmittel 75 000 Kronen und im Juli 1922 nahezu 300 000.

In der satirischen Zeitschrift *Kikeriki* durfte über die Inflation gelacht werden: »Die Nachahmung der Banknoten wird nicht mehr als Fälschung bestraft. Weil sie ohnehin keinen Wert mehr aufweisen.«

Ein anderes Bonmot zum Thema: »Heutzutag fahrt ma mit an Handwagerl voll Geld einkaufen und kommt mit an Geldbörsel voll Lebensmittel wieder z'Haus.«

Einen Ausweg fanden die *Humoristischen Blätter*: »Mit was wer'n ma im Winter heizen, wenn's Holz rar wird?«

»Na, mit die Banknoten!«

Und auch der Kurzdialog zweier Wiener Kaufleute wurde zitiert:

»Servus, was treibst du?«

»Preise!«

Der Historiker Walter Rauscher rechnet in seinem Buch über die *Verrückten Zwanzigerjahre* vor, dass ein Staatsbeamter, der vor dem Ersten Weltkrieg 193 Kronen erhielt, im September 1922 rund 1,3 Millionen verdiente. »Dies entsprach einer Steigerung um das 6735-Fache. ... Der Vorkriegspreis von einem Kilo Butter hatte zwei Kronen und 40 Heller betragen, lag mittlerweile aber bei 56 000 Kronen. Die Preissteigerungen anderer Nahrungsmittel nahmen ähnliche Ausmaße an. Brot verteuerte sich um das 17 200-Fache, Zucker um das 15 600-Fache, Milch um das 14 300-Fache.«

Der Kabarettist Karl Farkas erinnerte sich viel später an die Tage der Inflation: »Bald haben wir in Billionen und Trillionen gerechnet, ein Gulasch kostete eine halbe Million Kronen. Meine Gage an der Neuen Wiener Bühne betrug 6800 Kronen – also ein halber Erdapfel. Meine Gage wurde mit jedem Tag größer – und doch kleiner! Als sie bei fünf Millionen hielt, musste ich etwas tun, um nicht zu verhungern.«

Diesem Umstand war es zu danken, dass Farkas vorerst nebenberuflich – und später dann ausschließlich – Kabarettist wurde.

Am 1. Jänner 1925 löste der Schilling die Krone als Zahlungsmittel ab, wodurch es gelang, die Inflation zu stoppen. Die Kehrseite der Medaille: Das Ende der Geldentwertung führte zum Erliegen des Wirtschaftswachstums in Österreich und zum Ansteigen der Arbeitslosenzahlen.

Spurensuche in der Politik

Ein Adjutant stirbt für seinen König
Attentat auf Albaniens Monarchen in Wien

Der albanische König Achmed Zogu wusste, dass er sich in ständiger Lebensgefahr befand – auf ihn waren in seiner Heimat bereits mehrere Mordanschläge verübt worden. Deshalb war er stets in Begleitung eines Adjutanten unterwegs, der auch sein Doppelgänger war. Als am 20. Februar 1931 vor der Wiener Staatsoper einmal mehr ein Revolverattentat auf den Monarchen verübt wurde, ging der makabre Plan mit dem Doppelgänger auf. Major Alexander Topollaj starb unter den Kugeln der Mörder, die ihn für den König hielten.

Der 35-jährige Monarch und Diktator, der sein Land mit strenger Hand regierte, war aus medizinischen Gründen nach Wien gekommen und besuchte an diesem Abend gemeinsam mit mehreren Begleitern eine Vorstellung in der Wiener Staatsoper. Als er das Opernhaus verlassen hatte, schossen zwei Männer, die ihn in der Operngasse abgepasst hatten, mit Revolvern auf die Gruppe. Adjutant Topollaj, der seinem König sehr ähnlich sah und fast idente Kleidung trug, stellte sich heldenhaft vor Zogu und wurde von mehreren Kugeln tödlich getroffen. Der neben ihm stehende Hofmarschall wurde bei dem Attentat verletzt. Mehrere Begleiter des Königs zogen daraufhin ihre Revolver und schossen zurück. Die beiden Mörder konnten flüchten, wurden aber von Wiener Polizisten eingeholt und verhaftet. König Zogu blieb bei dem Mordanschlag unverletzt.

Die Attentäter waren zwei im Exil lebende Albaner namens Gjeloshi und Çami, die gegen die Anbiederung König Zogus an das faschistische Italien kämpften. Sie hatten Österreich für den Anschlag gewählt, weil sie in ihrer Heimat die Todesstrafe erwartet hätte. Hier kamen sie mit relativ milden Urteilen davon, Gjeloshi wurde zu sieben Jahren, Çami wegen Beihilfe zum Mord zu drei Jahren schweren Kerkers verurteilt.

König Zogu, der sich 1928 selbst zum König der Albaner gekrönt und in seinem Land die konstitutionelle Monarchie ausgerufen hatte, nützte die Anbiederung an die Faschisten des »Duce« Benito Mussolini nichts, denn die Italiener wollten Albanien langfristig nicht als selbstständigen Staat, sondern als Kolonie sehen. Deshalb besetzten sie 1939 das Land und erklärten es zum italienischen Protektorat. König Zogu flüchtete daraufhin mit seiner Familie nach Griechenland, Großbritannien und Ägypten. Er starb 1961 im Alter von 65 Jahren in Frankreich.

»Das schlechteste Essen, das je serviert wurde«
Das Treffen Kennedy–Chruschtschow in Wien

Es war das bedeutendste internationale Ereignis der noch jungen Zweiten Republik, als die beiden mächtigsten Männer der Welt in Österreich zusammentrafen. Im Juni 1961 wurde auf Wiener Boden ein Stück Weltgeschichte geschrieben, zumal der Weltfriede am Höhepunkt des Kalten Krieges auf dem Spiel stand. Obwohl die Verhandlungen zwischen John F. Kennedy und Nikita Chruschtschow hinter verschlossenen Türen geführt wurden, wissen wir durch die inzwischen erfolgte Freigabe der Proto-

Spurensuche in der Politik

Der Kalte Krieg schritt trotz kalten Buffets in Wien fort: John F. Kennedy, Bundespräsident Adolf Schärf, Nikita Chruschtschow

kolle, worüber in Wien wirklich verhandelt wurde, nämlich über Abrüstung, einen Atomsperrvertrag, über Kuba und die brisante Lage in Berlin.

Tatsächlich warnte der Kreml-Chef den US-Präsidenten vor einem atomaren Weltkrieg, falls West- und Ostberlin nicht zu einer gemeinsamen sozialistischen Stadt zusammenwachsen würden. Kennedy bestand jedoch darauf, Westberlin als freie Stadt zu erhalten.

Das Souper, das die österreichische Bundesregierung zu Ehren von Kennedy und Chruschtschow im Schloss Schönbrunn gab, rief harsche Kritik hervor: »Wie vielfach festgestellt«, entnimmt man der offiziellen Niederschrift der österreichischen Präsidentschafts-

»Das schlechteste Essen, das je serviert wurde«

kanzlei, »war dies das schlechteste Essen, das je bei einem Empfang serviert worden war«. Aufgetragen wurden Frühlingssuppe, Spargelspitzen-Tortelette, Zander in Weingelee, kleine Beefsteaks mit Champignons und gefüllte Paprika. »Letztere waren bereits beim Anrichten kalt und das Fett stockte.« Wie sich bei einer nachträglichen Manöverkritik herausstellte, waren die Vorkehrungen der Schlosshauptmannschaft, die für den Küchenbetrieb verantwortlich war, »nicht ausreichend« gewesen.

Zwar konnte ein Weltkrieg verhindert werden, aber der Kalte Krieg schritt trotz des kalten Buffets fort: Wenige Wochen nach der Begegnung in so freundlicher Wiener Atmosphäre begann die DDR mit dem Bau der Berliner Mauer und die Sowjets starteten neue Nukleartests. Die beiden Staatschefs sahen einander nie wieder: Kennedy wurde 1963 ermordet, Chruschtschow kurz danach aus allen Ämtern entlassen.

Spurensuche in der Welt der Literatur

Spurensuche in der Welt der Literatur

Der Fall der Komtesse Mizzi
Ein Stoff für Arthur Schnitzler

Mizzi Veith galt zur Jahrhundertwende in Wien als Liebling der Männerwelt. Adel und Politik waren hingerissen von dem »süßen Mädel«, das man in Bars und Séparées, auf noblen Bällen und am Rennplatz in der Freudenau antraf. Oft war sie in Begleitung ihres Vaters, des Grafen Marcel Veith, der stets in finanziellen Schwierigkeiten steckte. Man konnte seine Gunst mit einer noblen Zuwendung erkaufen. Und damit auch die Gunst seiner Tochter.

Anmut und erotische Freizügigkeit der »Komtesse Mizzi« sprachen sich bei vielen prominenten Freiern in Wien, aber auch in den Kronländern herum.

Bis am 13. November 1907 in der k. u. k. Polizeidirektion eine anonyme Anzeige gegen den angeblichen Grafen Marcel Veith eintraf. Der Vorwurf lautete auf Verstoß gegen den Kuppeleiparagrafen im Zusammenhang mit seiner minderjährigen Tochter.

Nun wurde aktenkundig, was ohnehin längst stadtbekannt war. Marcel Veith wurde verhaftet. Vorerst allerdings nur wegen »unerlaubten Führens des Grafen-Titels«. Im Zuge einer Hausdurchsuchung in der Wohnung der Familie Veith in der Wiener Kriehubergasse fand man dann aber auch Material, das den Verdacht der

Der Fall der Komtesse Mizzi

Ihr Fall wurde zum Synonym für das morbide Gesellschaftsbild einer Epoche: Mizzi Veith

Kuppelei bestätigte: Herr Veith hatte seine Tochter ab ihrem fünfzehnten Lebensjahr an zahlende Kunden vermittelt.

Während der Vater nun im Gefängnis saß, strebte die Tragödie der Mizzi Veith ihrem Höhepunkt zu. Ihre Liebhaber blieben von einem Tag zum anderen aus, da sie befürchteten, in den öffentlichen Skandal verwickelt zu werden. Ohne ihre Freier verfügte Mizzi Veith aber über keine Einnahmen mehr. Bald wurde ihr Leichnam aus dem Donaukanal gezogen. Mizzi Veith hatte sich ertränkt.

Der Prozess gegen den Vater wurde zum Sittenskandal des Jahres 1908. Denn das Gericht hatte Mizzis Tagebücher mit einer genauen Auflistung der Namen ihrer prominenten Klientel samt pikanter Details entdeckt. Scheidungen waren die Folge, Karrieren gingen über Nacht zu Ende. Und Ehemänner schworen vorbeugend ewige Treue, weil sie fortan das Auffliegen weiterer Seitensprünge befürchteten. Der »Fall Mizzi Veith« wurde in der Haupt- und Residenzstadt Wien zum Synonym für das morbide Gesellschaftsbild einer Epoche.

Marcel Veith, der einst Adjutant Erzherzog Johanns – des späteren Habsburg-Aussteigers Johann Orth – gewesen war, wurde zu einem Jahr schweren Kerkers verurteilt.

Arthur Schnitzler hatte die Berichterstattung über die Tragödie der jungen Frau in den Zeitungen verfolgt und war vom Schicksal der »Komtesse Mizzi« so bewegt, dass er das gleichnamige Theaterstück schrieb. Die Uraufführung fand, da es am Burgtheater wegen des heiklen Themas »Ehebruch unter Aristokraten« nicht gezeigt werden durfte, am 5. Jänner 1909 im Wiener Volkstheater statt.

Der einsame Tod eines Dichters
Georg Trakl stirbt durch eine Überdosis Kokain

Im Obduktionsbericht war als Todesursache zu lesen: »Kokainvergiftung«. Aus diesem Wort geht aber nicht hervor, ob Georg Trakl durch Selbstmord starb oder ob es ein Unfall war. Fest steht, dass mit ihm am 3. November 1914 einer der bedeutendsten Lyriker Österreichs ein frühes Opfer des Ersten Weltkrieges wurde.

Vieles lässt erahnen, dass er das Leben nicht mehr ertrug, dass er den Freitod wählte. Als Apotheker in Galizien eingerückt, sah er schwer verwundete Soldaten, oft, ohne helfen zu können. Man weiß, dass der 27-jährige Trakl daran verzweifelte. Gedichte, die er in seinen letzten Tagen schrieb, belegen das.

Der einsame Tod eines Dichters

Nahm mit nur 27 Jahren ein tragisches Ende: der Dichter Georg Trakl

Trakl war 1887 als Sohn eines Kaufmanns in Salzburg zur Welt gekommen. Seine Mutter war drogenabhängig und gefühlskalt und für ihre acht Kinder kaum erreichbar. Zeitzeugen und einzelne Gedichte Trakls deuten an, dass er mit einer jüngeren Schwester eine inzestuöse Beziehung hatte.

Die ersten Reime entstanden in seiner Gymnasialzeit, weitere, als er Praktikant in einer Salzburger Apotheke war. Dort war es ein Leichtes für den zu Depressionen neigenden Freigeist, an Drogen heranzukommen. Später schloss er das Pharmaziestudium als Magister ab.

Es war somit naheliegend, dass Trakl nach Ausbruch des Ersten Weltkrieges als Militärapotheker an die Front kam, an der er zahlreiche Soldaten sterben sah. Nach der erbitterten Schlacht bei Grodek in Ostgalizien erlitt Trakl einen Nervenzusammenbruch und schrieb sich das Leid von der Seele: Von »tödlichen Waffen« ist im Gedicht *Grodek* die Rede, von »sterbenden Kriegern«, von »vergossenem Blut« und von »schwarzer Verwesung«. Als er sich nach der

Schlacht erschießen wollte, konnte er noch von Kameraden abgehalten werden.

Nach dem Suizidversuch zur Beobachtung seines Geisteszustandes in das Garnisonsspital Krakau eingeliefert, erhielt Trakl Besuch seines Freundes und Dichterkollegen Ludwig von Ficker. Auf dessen Frage, ob er Gift besäße, sagte Trakl: »No freilich, als Apotheker, ich bitt Sie.« Er war aber optimistisch, das Spital bald verlassen zu können.

»Das Fenster des Dreibettzimmers war vergittert wie eine Gefängniszelle«, hinterließ Ludwig von Ficker. Als er sich verabschiedete und Trakl ein baldiges Wiedersehen in Aussicht stellte, zeigte der Patient keine Reaktion. »Sah mich nur an. Sah mir nach. Nie werde ich diesen Blick vergessen.«

Laut seinem Offiziersdiener Mathias Roth nahm Trakl eine Überdosis Kokain, das er bei sich versteckt hatte. Es ist anzunehmen, dass er sich als Pharmazeut der tödlichen Folgen bewusst war. Er lag einen Tag reglos in seinem Zimmer, doch sein Diener wurde nicht zu ihm gelassen. Am nächsten Morgen stellte man Trakls Tod fest.

War es doch kein Selbstmord?
Erkenntnisse zu Adalbert Stifters Tod

Auch sein tragisches Ende gibt Rätsel auf, die nie gelöst werden konnten. Die meisten Forscher neigen dazu, Adalbert Stifters Tod im Jahr 1868 mit Selbstmord zu erklären, doch der Stifter-Biograf Haymo Liebisch zieht dies in Zweifel.

War es doch kein Selbstmord?

Sein Tod war ein Unfall:
Adalbert Stifter

Adalbert Stifter war seit seiner Studentenzeit alkoholkrank, in einem Brief erwähnt er, dass er jährlich sechshundert Liter Wein trank, was zu einer schmerzhaften Leberzirrhose führte. Auch seine beiden bedeutenden Romane *Nachsommer* (1857) und *Witiko* (1867) entstanden unter körperlichen Qualen. Einst Privatlehrer der Kinder des Staatskanzlers Metternich, war Stifter später Landesschulinspektor in Oberösterreich.

Seit Dezember 1867 an einer starken Verkühlung leidend, bezeichnete sein Hausarzt den Zustand des Dichters als hoffnungslos. Der Linzer Autor Haymo Liebisch, der sich jahrzehntelang mit Stifters Leben und Werk beschäftigt hat, schrieb in *Erfüllte Stunden durch das Buch, Meine Annäherung an Adalbert Stifter*, er sei überzeugt, »dass der Dichter keinen Suizid begehen wollte, dass das Geschehen vielmehr dem Umstand der immensen Schmerzen, die der leidende Körper in Schüben von so betäubender Macht ertragen musste, zuzuschreiben war.«

Spurensuche in der Welt der Literatur

Adalbert Stifter erwartete am 26. Jänner 1868 in seiner Linzer Wohnung einen Boten seines Verlegers, der ihm den dringend erwarteten Vorschuss für ein neues Buch bringen sollte. Seit Wochen bettlägrig und unrasiert, richtete sich der Dichter auf und nahm bei flackerndem Kerzenlicht ein Rasiermesser zur Hand. Dabei erfasste ihn ein Schwindelgefühl und ein starker Bauchschmerz, der ihn zusammenzucken ließ. »Seine Hand glitt ab und Stifter verletzte sich am Hals.« So weit die Erkenntnisse des Biografen Liebisch.

Der Schwerverletzte rief um Hilfe, seine Frau und ein Dienstmädchen eilten herbei, ließen den Arzt Dr. Karl Essenwein kommen, der die Wunde am Hals nähte und die Blutung stillte. »Der Schnitt war nicht tödlich«, gab der Arzt zu Protokoll, »aber der Tod war im Anzug und auch ohne diese Ungeduld von seiten des Kranken wäre der Tod bald erfolgt«.

Während der Dichter durch den hohen Blutverlust das Bewusstsein verlor, lief das Dienstmädchen nach Hause und berichtete aufgeregt: »Der Herr Hofrat hat sich umbracht!« Der Bruder des Mädchens verbreitete die unverbürgte Nachricht in der Stadt, und die Zeitungen berichteten darüber. Die Selbstmordtheorie war nicht mehr aus der Welt zu schaffen – obwohl Stifter noch zwei Tage lebte.

Die römisch-katholische Kirche »übersah« die Verletzung und ermöglichte dem Dichter somit ein kirchliches Begräbnis am Linzer Stadtfriedhof St. Barbara.

Spurensuche bei berühmten Musen

Die entzauberte Muse
Alma Mahler-Werfel heroisiert sich selbst

Ihr Name hat immer noch einen besonderen Klang. Biografien erschienen, Theaterstücke, die ihr dramatisches Leben beschreiben, wurden aufgeführt, Filmporträts gedreht. Und das alles, obwohl ihr Mythos längst entzaubert ist.

Besonders befremden muss die Tatsache, dass zwei Ehemänner der berühmtesten Muse aller Zeiten Juden waren – sie aber eine glühende Antisemitin. So warf sie ihrem dritten Ehemann, dem Dichter Franz Werfel, vor, dass er »nicht Deutsch kann, weil er Jude ist«. Und als es in der Ehe kriselte, schrieb sie in ihr Tagebuch, dass »die Rassenfremdheit unüberbrückbar« sei. Hitler hielt sie für »ein Genie an der Spitze eines großen Volkes«.

Entzaubert wird in der neueren Alma-Forschung auch die zeitlebens von ihr breitgetretene Behauptung, sie selbst wäre eine begabte Musikerin gewesen, die von ihrem ersten Mann Gustav Mahler gezwungen wurde, das Komponieren aufzugeben. Ihr Biograf Oliver Hilmes stellt lakonisch fest, dass sie Gustav Mahler um 53 Jahre überlebt, aber auch nach seinem Tod keinen Ton mehr komponiert hat.

Kein Wunder, dass Alma Mahler-Werfel lange Zeit verfälscht gesehen wurde, hatte sie sich doch in ihrer Autobiografie als aufopfernde Muse ins rechte Bild gerückt.

Die entzauberte Muse

Treu war sie nur sich selbst: Alma mit Ehemann Nummer drei, Franz Werfel

1879 als Tochter des Malers Emil Jacob Schindler in Wien zur Welt gekommen, heiratete sie mit 22 Jahren den Hofoperndirektor Gustav Mahler, ging während dieser Ehe aber eine leidenschaftliche Beziehung mit dem bedeutenden Architekten Walter Gropius ein.

Gustav Mahler traf die Untreue seiner um zwanzig Jahre jüngeren Frau dermaßen, dass er im Sommer 1910 bei Sigmund Freud Rat suchte.* Nach Mahlers Tod legalisierte die Witwe ihre Beziehung mit Gropius, hatte dazwischen aber eine Affäre mit Oskar Kokoschka.

Hatte sie bereits zwei Töchter von Mahler (von denen eine jung starb), so bekam sie nun eine weitere von Gropius. Die Ehe mit ihm langweilte Alma, da lernte sie im Herbst 1917 Franz Werfel kennen. Nach wie vor mit Gropius verheiratet, schenkte sie dem Dichter zwei Knaben (die beide jung starben). 1925 heiratete sie Werfel und stellte an seiner Seite einmal mehr ihre Berufung als Muse unter Beweis. Werfel schrieb in der Ehe mit Alma seine bedeutendsten

---

* Siehe auch Seiten 252–254

Werke, darunter *Das Lied von Bernadette* und *Jacobowsky und der Oberst*.

Nach dem Einmarsch der Nationalsozialisten begleitete sie ihren Mann in die USA, wo sie am 11. Dezember 1964 im Alter von 85 Jahren starb. Nicht ohne vorher ihr Leben niederzuschreiben und zu heroisieren.

Mittlerweile hat man es entzaubert.

Mehr als bloß Muse?
Klimts Freundin Emilie Flöge

Man wird Emilie Flöge nicht gerecht, wenn man sie nur auf ihre Beziehung zu Klimt reduziert, da sie eine eigenständige und zweifellos faszinierende Frau war. 1874 als Tochter eines Meerschaumpfeifenfabrikanten in Wien zur Welt gekommen, lernte sie 1891 den um zwölf Jahre älteren Gustav Klimt kennen. Ihre Schwester Helene war mit seinem früh verstorbenen Bruder Ernst* verheiratet, Emilie war also Klimts Schwägerin.

Emilie Flöge war gelernte Schneiderin und gründete 1904 mit Helene und ihrer zweiten Schwester Pauline den *Salon Schwestern Flöge* auf der Mariahilfer Straße, der bis zu achtzig Schneiderinnen beschäftigte und bald Wiens führender Modesalon war. Zu den Kundinnen zählte die elegante Damenwelt, darunter Berta Zuckerkandl, Adele Bloch-Bauer und Clarisse Rothschild.

---

* Siehe auch Seiten 140–141

Mehr als bloß Muse?

»Wir gehen davon aus, dass da mehr war als bloße Freundschaft«: Emilie Flöge und Gustav Klimt

Emilie reiste zweimal im Jahr nach London und Paris, wo sie sich unter anderen von Coco Chanel inspirieren ließ. Mehr als zwanzig Kleiderentwürfe ihres Salons stammten von Gustav Klimt, und Emilie führte ihre Modelle als Mannequin selbst vor. 1938 wurde der Salon, als ein Großteil ihrer Kundinnen fluchtartig das Land verließ, geschlossen.

Es ist bekannt, dass Klimt mit vielen seiner Modelle Beziehungen hatte, und Emilie war eines seiner Modelle. Sein berühmtestes Bild von ihr entstand 1902 und befindet sich im Besitz des Wien Museums. Emilie Flöge war mit dem Porträt nicht glücklich, worauf Klimt versprach, ein neues zu malen, wozu es nicht kommen sollte.

So emanzipert sie auch war, lautet die meistgestellte Frage, wenn man auf Emilie Flöge zu sprechen kommt: Was war da wirklich mit Gustav Klimt?

Peter Weinhäupl von der Wiener *Klimt Foundation* kennt die Antwort: »Aufgrund neuerer Erkenntnisse gehen wir davon aus, dass da mehr war als bloße Freundschaft. Man sieht das anhand diverser Anreden, an gezeichneten Herzen in der Korrespondenz usw. Die Liebesbeziehung dürfte 1899 beendet worden sein, als Klimts Modell Maria Ucicky sein erstes Kind zur Welt brachte.«

Doch die Freundschaft des Malers mit Emilie blieb aufrecht. Sowohl in Wien als auch am Attersee, wo sie von 1900 bis 1916 gemeinsam die Sommerferien verbrachten.

Emilie Flöge starb 1952, 34 Jahre nach Gustav Klimt.

»Ja, wenn ich die Einzi zur Witwe hätt«
Muse und Managerin

Ihr Beruf war Witwe, und den beherrschte sie perfekt. In den fast drei Jahrzehnten, die sie ihren Mann überlebte, wurde sie dank ihres unermüdlichen Einsatzes fast so berühmt, wie er es war.

»Ja, wenn ich die Einzi zur Witwe hätt«

Yvonne Louise Ulrich, wie Einzi Stolz ursprünglich hieß, saß im Mai 1939 im Pariser Künstlercafé *Cristall*, als Robert Stolz* das Lokal betrat. Minuten später flüsterte sie dem neben ihr sitzenden Komponisten Paul Abraham zu: »Es klingt verrückt, aber ich werde diesen Mann heiraten.«

Sie wusste gar nicht, wer der um 32 Jahre ältere Robert Stolz war, hatte aber bald Gelegenheit, ihm ihre Zuneigung zu beweisen. Denn Stolz wurde bei Ausbruch des Zweiten Weltkrieges als »feindlicher Ausländer« verhaftet und in ein französisches Internierungslager gesteckt. Als Yvonne davon erfuhr, hob sie 20 000 Francs von ihrem Konto ab, um einen Beamten zu bestechen – und Stolz kam frei!

Nun begann eine komplizierte Romanze. Der Komponist war zu diesem Zeitpunkt vier Mal geschieden, Einzi jedoch verheiratet und Mutter einer kleinen Tochter namens Clarissa. Ihr Mann wollte der Scheidung erst zustimmen, sobald er ihren »Neuen« kennengelernt hatte.

Doch dafür war keine Zeit, denn Einzi begleitete Robert Stolz in die USA. Nach Wien oder Berlin, wo er ein berühmter Komponist war, wollte er nicht zurück, weil dort die Nationalsozialisten herrschten.

Nach dem Krieg stimmte Einzis erster Mann endlich der Scheidung zu, worauf sie und Robert Stolz heiraten konnten. »Und von da an waren wir, solange er lebte, keinen einzigen Tag voneinander getrennt«, erklärte sie.

So sehr das PR-Genie Einzi Stolz die Verbreitung aller Einzelheiten aus dem Leben ihres Robert forcierte, so zurückhaltend ging sie mit ihrer eigenen Biografie um. Erst als sie neunzig wurde, vertraute

---

* Siehe auch Seiten 58–59

sie mir an, dass sie am 1. Mai 1912 in Warschau als Tochter eines jüdischen Philosophen zur Welt gekommen und mit ihrem ersten Mann nach London gegangen war. In Paris hielt sie sich auf, um Jus zu studieren.

Sie sollte dort mit Robert Stolz nicht nur die große Liebe, sondern auch ihre Berufung finden. »Er war ein genialer Komponist, wurde aber mit dem Alltag nicht fertig«, erzählte sie. »Ich war ihm Muse und Managerin. Und beides brauchte er. Als wir uns kennenlernten, hatte er die Rechte aller Melodien verkauft, weil er nie Geld hatte.« Darunter waren Welthits wie *Im Prater blühn wieder die Bäume, Ob blond, ob braun, ich liebe alle Frau'n* oder *Die ganze Welt ist himmelblau.*

Einzi managte ihn weit über seinen Tod hinaus, bis sie am 18. Jänner 2004 in ihrem 92. Lebensjahr starb. In ihrem Computer waren 30 000 Adressen in aller Welt gespeichert, sie korrespondierte mit Theaterdirektoren, Dirigenten und Journalisten: »Wo immer ich rieche, dass da etwas für Robert herausschaut, wird hingeschrieben, werden Platten und Fotos verschickt.«

Burgtheaterdirektor Ernst Haeusserman hat sie vielleicht am besten charakterisiert, als er nach Roberts Tod meinte: »Ja, wenn ich die Einzi zur Witwe hätt, könnt ich auch beruhigt sterben.«

Spurensuche bei grossen Tragödien

Spurensuche bei großen Tragödien

Meister Puchsbaums schreckliches Ende
Vom Baugerüst in den Tod gestürzt

Kaum ein Gebäude der Welt steht im Mittelpunkt so vieler Legenden wie der Wiener Stephansdom. Die dramatischste erzählt vom Ende des Dombaumeisters Hans Puchsbaum, der von 1444 bis zu seinem Tod im Jahr 1454 Vorsteher der Bauhütte des »Steffls« war. Über sein Ableben durch einen Sturz vom Nordturm des Doms sind mehrere Geschichten überliefert. Der Sage nach hätte Meister Puchsbaum einen Pakt mit dem Teufel geschlossen, der ihn zu Tode brachte. Realistischer ist wohl, dass Puchsbaum von einem neidischen Baumeisterkollegen vom Gerüst gestoßen wurde. Sehr oft genannt wird auch diese Version: Dombaumeister Puchsbaum hätte geschworen, den Namen seiner Braut so lange nicht auszusprechen, bis der Nordturm fertiggestellt sei. Als er eines Tages in schwindelnder Höhe auf dem Kirchengerüst stand, ging die Schöne über den Stephansplatz. Er vergaß seinen Schwur, rief ihr »Maria!« nach und stürzte im gleichen Augenblick in den Tod.

Fest steht, dass der 64-jährige Meister Puchsbaum tatsächlich durch einen Sturz vom Baugerüst am Nordturm des Stephansdoms starb.

Der Nordturm blieb – wenn auch aus ganz anderem Grund – bis heute unvollendet: Als nämlich Wien am Beginn des 16. Jahrhunderts wegen der drohenden Türkeninvasion das Geld ausging, wurden die Bauarbeiten am Stephansdom abgebrochen, der Turm ist aus diesem Grund nur halb so hoch, wie ihn Meister Puchsbaum geplant hatte.

So bleibt es dem Südturm allein vorbehalten, die ganze Stadt zu überragen.

Einen medizinischen Fachausdruck falsch geschrieben
Warum man seine Gegner zum Duell forderte

Duell. Seit mehr als einem Jahrhundert spielt dieses Wort in unseren Breiten keine Rolle mehr. Die Beweggründe, die einst dazu führten, sich im Morgengrauen gegenseitig zu verwunden oder gar umzubringen, muten aus heutiger Sicht abartig an: So schossen 1884 zwei Ärzte aufeinander, weil der eine »einen medizinischen Fachausdruck falsch geschrieben hatte«. Einer der Ärzte wurde schwer verletzt.

Ein Reserveoffizier forderte 1893 den Wiener Anwalt Dr. Kalman zum Pistolenduell, da dieser als Herausgeber einer Zeitung »eine abfällige Kritik über eine Sängerin abdrucken ließ«. Kalman starb an den Folgen der Duellverletzung.

Die Gesellschaft war in der Donaumonarchie zweigeteilt: Aristokraten, Akademiker, Studenten und Offiziere galten als »satisfaktionsfähig«, alle anderen nicht. Aus einer Untersuchung geht hervor, dass sich zwischen 1800 und 1893 rund 2500 Österreicher im Zuge eines »Ehrenhandels« gegenüberstanden, wobei fast ein Drittel der Fälle tödlich endete.

Obwohl das Duell nach dem Strafgesetz verboten war – bei Tötung des Gegners drohte Kerker bis zu zwanzig Jahren –, blieb Offizieren keine andere Wahl, da man sie im Falle einer Duell-Verweigerung aus der Armee verstieß. Zur Umgehung der strafrechtlichen Folgen versuchte man die Zweikämpfe geheim zu halten – was bei verwundeten Duellanten oft gelang, da man sie durch Vertrauensärzte versorgen ließ. Duelle mit tödlichem Ausgang konnten jedoch nicht vertuscht werden.

Im Jahr 1913 stand Stephan Graf Tisza, Ministerpräsident der ungarischen Reichshälfte der k. u. k. Monarchie, dem Abgeordneten Graf Károlyi mit dem Säbel gegenüber, weil er sich »durch eine Wortmeldung des Oppositionsführers in der Ehre getroffen« gefühlt hatte.

Kamen die beiden noch mit Verletzungen davon, so erging es Ferdinand Lassalle, dem Chef der deutschen Sozialdemokraten, weitaus schlimmer. Er starb 1864 beim Pistolenduell, zu dem er infolge einer Liebesaffäre gefordert worden war. Reichskanzler Otto von Bismarck duellierte sich als junger Mann wiederholt mit politischen Gegnern.

Bei Ausbruch des Ersten Weltkrieges wurden Duelle auch in der österreichisch-ungarischen Armee verboten, weil man auf keinen Mann verzichten konnte. 1936 sorgte ein General Krauss für Aufsehen, als er Kanzler Schuschnigg öffentlich zum Zweikampf forderte. Doch der hat auf das »Angebot« nicht einmal geantwortet – die Zeit des Duells war eben schon vorbei.

Zweikampf um eine schöne Frau
Fürst Liechtenstein gegen Herrn von Weichs

Ein Duell im alten Wien ist ausführlich dokumentiert. Zwei Herren, der Fürst Karl von und zu Liechtenstein und der Domherr zu Osnabrück, Joseph von Weichs, verehrten die überaus schöne, kluge und anmutige Fanny Arnstein, die ihrerseits mit dem reichen Wiener Bankier Nathan Adam von Arnstein verheiratet war. Sie genoss dennoch die Verehrung durch die beiden Herren.

Anfang Dezember 1795 ließ sich Fanny Arnstein in einer Sänfte von ihrem Palais am Hohen Markt in das Kärntnertortheater tragen, wobei sie der Domherr in einer zweiten Sänfte begleiten durfte.

Fürst Liechtenstein – seines Zeichens Kabinettsdirektor von Kaiser Franz II. – wusste von seinem Konkurrenten und war außer sich

Zwei Herren verehrten eine Dame: Säbelduell im 18. Jahrhundert

vor Zorn, als die beiden Sänften vor dem Kärntnertortheater hielten. Schon stand er vor Fannys Sänfte und bot ihr den Arm, den ebenfalls um sie bemühten Herrn von Weichs zur Seite stoßend. Der antwortete dem Fürsten mit einer schallenden Ohrfeige. So schnell konnte man gar nicht schauen, ließ sich Fanny Arnstein, peinlich berührt, in der Sänfte zurück in ihr Palais tragen.

Das Aufsehen war groß, Passanten strömten herbei und beobachteten genüsslich, was sich hier in höchsten Kreisen abspielte. Dem Fürsten Liechtenstein blieb nach der Ohrfeige nichts anderes übrig, als seinen Gegner zum Duell zu fordern. Dieses wurde für den nächsten Morgen im Palais Orsini-Rosenberg vereinbart.

Anderntags erschienen die beiden Herren in besagtem Palais. Fürst Wenzel Liechtenstein stand seinem Bruder Karl als Sekundant zur Seite, Hausherr Fürst Franz Orsini-Rosenberg dem Domherrn. Die beiden Sekundanten schlugen ein Degengefecht vor, das augenblicklich an Ort und Stelle im Palais stattzufinden hätte. Die Herren begaben sich in einen ebenerdigen Raum des Palais, der für die Austragung des Zweikampfs geeignet war.

Liechtenstein attackierte zunächst den Domherrn, der geschickt parierte und seinem Gegner eine schwere Armwunde zufügte. Die Sekundanten entschieden dennoch, dass der Kampf fortgesetzt werden könne. Beim zweiten Gang stieß Weichs seinen Degen dem Fürsten in die Lunge. Liechtenstein war somit außer Gefecht gesetzt, Blut strömte aus seinem Mund, das Duell war beendet.

Fürst Orsini-Rosenberg ließ eine Sänfte kommen, die Karl von Liechtenstein in sein Palais in der Teinfaltstraße brachte, wo er von seiner Gattin Maria Anna tränenreich empfangen wurde. Sie hatte natürlich längst von der Eifersuchtsaffäre zwischen ihrem Mann und dem Domherrn erfahren.

Die Ärzte konnten dem Fürsten nicht helfen. Liechtenstein erlag nach sechzehn Tagen, am Heiligen Abend, seinen Verletzungen. Im Totenprotokoll vom 24. Dezember 1795 steht zu lesen: »Gestorben, Seine Hochfürstliche Gnaden der Hochgeborene Herr Karl Fürst von und zu Liechtenstein, dreißig Jahre alt, in der Teinfaltstraße Nr. 82 an einer Verwundung.«

Fanny Arnstein erlitt durch die Tragödie einen tiefen Schock und trug jedes Jahr am Todestag des Fürsten Trauergewand. Kaiser Franz war außer sich, als er vom tragischen Ausgang des Duells seines Kabinettsdirektors erfuhr. Mit der geistlichen Karriere des Herrn von Weichs war es zu Ende. Liechtensteins Bruder und Sekundant, Fürst Wenzel, wurde von seinem Regiment nach Graz versetzt, schlimmer traf es den Fürsten Orsini-Rosenberg, der nicht nur eine scharfe Zurechtweisung über sich ergehen lassen, sondern auch für sechs Monate ins Gefängnis musste.

Das Duell hatte für einen gehörigen Skandal in der Hofgesellschaft gesorgt und war lange Zeit *das* Gesprächsthema in Wien.

»Ich werde mich auf den Tod erkälten«
Der Abschied einer Burgtheatergröße

Joseph Schreyvogel war offiziell Chefdramaturg und Hoftheatersekretär, übte aber tatsächlich die Funktion des Direktors aus. Schreyvogel war es, der das Burgtheater zur führenden Bühne im deutschen Sprachraum erhoben und der die besten Schauspieler engagiert hatte. Er leitete das Haus von 1814 bis 1832 und gilt als Entdecker Franz Grillparzers.

Der offizielle Direktor hieß damals Johann Rudolf Graf Czernin, hatte keine Ahnung vom Theater und forderte Schreyvogel am 26. Mai 1832 auf, einer jungen Schauspielerin, die ihm aus privaten Gründen nahestand, eine bestimmte Rolle zuzuteilen. Schreyvogel hielt die Dame für unbegabt und wies den Vorschlag mit den Worten »Das verstehen Exzellenz nicht!« zurück. Worauf Graf Czernin die Entlassung Schreyvogels verfügte und gleichzeitig anordnete, dass er das Haus sofort verlassen müsse.

Einer zeitgenössischen Schilderung zufolge ereignete sich nun die folgende Szene: »Gebrochen wankte Schreyvogel die Treppe hinab – es war ein eiskalter Frühlingstag, es regnete stark und Schreyvogel fiel ein, dass er seinen Mantel und seinen Schirm im Theater gelassen hatte. Er stieg die Treppe noch einmal hinauf, und als er die Türe jener Kanzlei öffnete, in der er durch achtzehn Jahre zum Ruhme des Burgtheaters gewirkt hatte, entspann sich zwischen ihm und einem Hofbeamten dieses Gespräch:

›Was wünschen Sie, Herr Schreyvogel?‹

›Meinen Mantel und meinen Regenschirm.‹

›Die sollen Ihnen nachgeschickt werden, falls sie sich vorfinden sollten.‹

›Dort in der Ecke sind sie.‹

›Das kann ich glauben oder nicht.‹

›Fragen Sie den Diener. Ich werde mich auf den Tod erkälten.‹

›Daran liegt uns nichts.‹«

Schreyvogel wurde nicht eingelassen, er ging ohne Schirm und Mantel nach Hause und zog sich eine schwere Verkühlung zu. Als er sich, erschöpft von Fieber und Aufregung, nach einiger Zeit von seinem Krankenlager erhob, war er ein Schatten seiner selbst. Er fiel, geschwächt, wie er war, der Cholera zum Opfer und starb am 28. Juli 1832 im Alter von 64 Jahren.

Schreyvogel zählt heute zu den Säulenheiligen des Burgtheaters, die Schreyvogelgasse neben der »Burg« ist nach ihm benannt. Seine Entlassung war völlig unbegründet.

Die Tragödie eines Publikumslieblings
Lizzi Waldmüllers Tod im Luftschutzkeller

So einzigartig das Leben dieser Frau war, so schrecklich war ihr Tod. Lizzi Waldmüller, einer der populärsten österreichischen Film- und Operettenstars, kam 1945, gerade vierzig Jahre alt, bei einem Bombenangriff ums Leben.

Geboren im steirischen Knittelfeld, eroberte Lizzi Waldmüller mit Charme, Temperament und ihrer einzigartigen Schönheit sehr schnell die Wiener Operettenbühnen. Ihren Durchbruch im Film verdankte sie Willi Forst*, der ihr 1939 in *Bel ami* die Rolle einer naiv-frivolen Sängerin anvertraute und darin ihr komödiantisches Talent richtig einsetzte.

Lizzi Waldmüller drehte mit Johannes Heesters, Victor de Kowa und anderen Stars, doch ihre Karriere war allzu kurz bemessen, da ihr Leben jäh zu Ende ging. Während ihr Mann, der Schauspieler

---

* Siehe auch Seiten 130–131

Ihre Karriere war nur allzu kurz bemessen: Filmstar Lizzi Waldmüller

Max Hansen, nach Schweden emigriert war, blieb sie in der Zeit des Nationalsozialismus in Wien.

In vielen Zeitungen war damals zu lesen, dass sie den 12. April 1945 im Luftschutzkeller des zwischen Staatsoper und Albertina gelegenen Philipphofes zubrachte. Der Philipphof war eines der elegantesten Wohnhäuser Wiens – und sein Luftschutzkeller galt als der sicherste der Stadt. Da Willi Forst in dem im Eigentum der Familie Habsburg stehenden Gebäude sein Büro hatte, gingen hier tatsächlich zahlreiche Schauspieler ein und aus. Darunter auch Lizzi Waldmüller.

Das war wohl der Grund, warum man sie unter den fast dreihundert Todesopfern vermutete, die nach dem Bombardement des Philipphofes am 12. April 1945 durch die US-Armee zu beklagen waren. Fest steht, dass die Waldmüller seit diesem Tag als vermisst galt.

Zwei andere berühmte Wiener verdankten ihr Leben dem Zufall, während des Bombardements nicht im Philipphof gewesen zu sein: Willi Forst hatte sein Produktionsbüro verlassen, da er an diesem Tag in Schönbrunn Dreharbeiten zu dem Film *Wiener Mädeln* hatte. Und der spätere Modezar Fred Adlmüller war Minuten vor Beginn des Angriffs aus dem Luftschutzkeller des Philipphofes geflohen, um unterhalb der Augustinerrampe Schutz zu suchen.

Lizzi Waldmüllers Leichnam fand man schließlich zwei Jahre später unter den Trümmern ihres Wohnhauses am Wiener Franziskanerplatz. Die Legende, dass sie im Philipphof gestorben war, konnte aber nicht mehr aus der Welt geschafft werden. So jedenfalls ist es in mehreren Lexika nachzulesen.

Wenn beide Elternteile sterben
Was aus Maria Cebotaris Kindern wurde

Maria Cebotari zählte zu den bedeutendsten Opernsängerinnen ihrer Zeit. Die gebürtige Rumänin trat an vielen Opernhäusern der Welt auf, brillierte als Mimì in *La Bohème*, in *Madame Butterfly* und *La Traviata*. Ab 1947 an der Staatsoper engagiert, konnte man die unvergleichliche Sopranstimme nun vor allem in Wien bewundern. Zuletzt gab Maria Cebotari unter

Herbert von Karajan bei den Salzburger Festspielen die Euridice in der Gluck-Oper *Orfeo ed Euridice*.

Maria Cebotari hatte 1938 in zweiter Ehe den nicht minder berühmten Wiener Schauspieler Gustav Diessl geheiratet, der durch mehr als sechzig Filme (so in Fritz Langs *Das Testament des Dr. Mabuse* und in *Der Tiger von Eschnapur*) populär wurde. »Die Cebotari« und »der Diessl« galten als Traumpaar, doch das Schicksal wollte es, dass beide jung starben: zunächst Diessl 1948 nach zwei Schlaganfällen im Alter von 48 Jahren und ein Jahr später die Cebotari, gar nur 39 Jahre alt, an Gallenkrebs.

Das Ehepaar hinterließ mit Peter und Fritz Diessl zwei Kinder, die beim Tod ihrer Mutter acht und zwei Jahre alt waren. Sie wurden zur Adoption freigegeben, wobei Egon Hilbert, der Leiter der österreichischen Bundestheaterverwaltung, bei der Suche nach geeigneten Adoptiveltern mithalf. Es meldeten sich mehrere, auch prominente Schauspieler, doch der Vormund der Kinder entschied sich für den bekannten englischen Pianisten Sir Clifford Curzon, der sich gemeinsam mit seiner Frau Lucille sehr um die Adoption bemüht hatte.

»Es war das Beste, das uns passieren konnte«, sagte später der jüngere Cebotari-Sohn Fritz Curzon. Er war in London als Fotograf tätig, sein Bruder Peter Diessl-Curzon als Arzt in Neuseeland. »Die Curzons waren vorbildliche Adoptiveltern für uns.«

Ehe die Brüder 1953 nach England übersiedelten, ereignete sich eine weitere Tragödie: Ihr Wiener Kindermädchen Hedwig Cattarius, das sich gegen die Adoption der von ihr geliebten Buben zur Wehr gesetzt hatte, beging am Tag vor ihrer Abreise Selbstmord.

In Wien und in Salzburg erinnern ein Cebotariweg und eine Maria-Cebotari-Straße an die legendäre Sängerin.

Ein Unfall mit dramatischen Folgen
Kardinal König wäre fast gestorben

Franz Kardinal König erlebte am 13. Februar 1960 eine Katastrophe, die seinen weiteren Lebensweg dramatisch verändern sollte. Der damals 55-jährige Erzbischof von Wien fuhr nach Zagreb, um am Begräbnis des Kardinals Stepinac teilzunehmen. Vor der kroatischen Stadt Varaždin krachte sein Dienstwagen frontal gegen ein entgegenkommendes Lastauto. König hatte, wie er den Unfall Jahre später schilderte, »gerade noch Zeit zu sagen: ›Das ist das Ende‹«, dann sah er nur noch ein großes, schwarzes Loch.

»Wir hatten schon den größten Teil der Strecke hinter uns gebracht und näherten uns Varaždin«, berichtete Kardinal König. »Es war Winter. Die verschneiten Tannen verliehen der Landschaft ein unwirkliches Licht. Ich hatte einen ausgezeichneten Fahrer, doch fuhr er, meiner Meinung nach, etwas schnell. Mehrmals schon hatte ich eine Bemerkung darüber gemacht.« König erinnerte sich noch daran, wie er im Fond des Wagens sitzend mit seinem Sekretär Helmut Krätzl diskutierte, als das Unglück geschah.

Königs Chauffeur Martin Stadler, der in einer unübersichtlichen Kurve mit neunzig Stundenkilometern einen Radfahrer überholt hatte, war auf der Stelle tot, Helmut Krätzl wurde schwer, der Kardinal lebensgefährlich verletzt. »Mein Gesicht«, gab Franz König später zu Protokoll, »war eine einzige Wunde. Ein Kapuziner erteilte mir die Generalabsolution und sprach mir zu, gut zu sterben.«

In Österreich erregte der Unfall großes Aufsehen und schockierte die Bevölkerung, einige Zeitungen meldeten sogar den Tod des Kar-

»Das ist das Ende«: das Wrack, aus dem Kardinal König geborgen wurde

dinals. In allen Wiener Kirchen wurde für den schwer verletzten Erzbischof und seinen Zeremoniär gebetet. »Die zu Recht besorgten Ärzte«, erzählte König mehr als zwei Jahrzehnte danach, »hatten mich, sobald es möglich war, per Hubschrauber von Varaždin nach Wien transportieren lassen, weil durch meine Verletzungen Blut in die Luftröhre und in die Lunge gedrungen war. Daher auch die große Gefahr einer Lungenembolie. Ich hatte zahlreiche Eingriffe über mich ergehen lassen müssen. Die Chirurgen waren geschickt, und ich habe heute nur noch schwache Narben. Doch muss ich gestehen, dass ich, ehe ich so weit war, wirklich viel habe erleiden müssen.«

In den schweren Tagen, ehe er von Varaždin im damaligen Jugoslawien nach Wien gebracht wurde, wusste Kardinal König, »dass sich mein Leben durch die unerträglichen Schmerzen, die diesem Unfall folgten, verändern würde«.

Lange Zeit ans Bett gefesselt, reifte in ihm die Erkenntnis, »dass ich als Erzbischof von Wien geografisch und historisch gesehen eine schwere Verantwortung gegenüber den Ostkirchen zu tragen hatte«.

Als er von seinen Kopf-, Gesichts- und Hüftverletzungen genesen war, suchte König als erster Bischof mit Gläubigen und Nichtgläubigen in den kommunistischen Ländern einen Dialog, der knapp zwanzig Jahre später mit der Wahl des Polen Karol Wojtyła zum Papst seinen Höhepunkt fand.

Inferno in der Straßenbahn
Zwanzig Tote bei einem Tramwayunglück

Es ist der Albtraum jedes Fahrgasts. Die Straßenbahn startet an der Haltestelle, legt immer mehr an Tempo zu und schleudert ungebremst gegen eine entgegenkommende Garnitur. Beide Triebwagen entgleisen durch die Wucht des Aufpralls, zwanzig Menschen sterben, mehr als hundert werden verletzt. Eine solche Straßenbahn-Katastrophe – es war die schwerste in der Geschichte der Stadt Wien – ereignete sich am 2. August 1960. Schuld war ein schwer alkoholisierter Tramwayfahrer.

Es geschah in der Hauptverkehrszeit, kurz vor 17 Uhr, als eine Garnitur der Linie 39 über die Billrothstraße bergab in Richtung Stadt fuhr. Die erlaubte Höchstgeschwindigkeit betrug hier zwölf Stundenkilometer, doch die wie in einem Horrorfilm dahinrasende

Spurensuche bei großen Tragödien

Straßenbahn erreichte 60 km/h. In der Kurve, mit der die Billrothstraße in die Döblinger Hauptstraße mündet, stürzte der Triebwagen um und prallte gegen einen entgegenkommenden Zug, ebenfalls der Linie 39.

Den Rettungskräften bot sich ein Bild des Grauens. Die Kreuzung war in eine riesige Staubwolke gehüllt, aus der Schreie der Sterbenden und verzweifelte Hilferufe schwer verletzter Fahrgäste drangen. Beide Triebwagen waren ineinander verkeilt und vollkommen zertrümmert. Zwölf Tote mussten geborgen, mehr als hundert Verletzte in Spitäler gebracht werden. Acht weitere Menschen starben in den Tagen danach, sodass sich die Zahl der Todesopfer auf insgesamt zwanzig erhöhte.

Die Staatsanwaltschaft, der Wiener Bürgermeister Franz Jonas und der Polizeipräsident Josef Holaubek ordneten eine Untersuchung an. Vorerst wurde, da der Unglücks-Triebwagen Baujahr 1913 war, ein technisches Gebrechen vermutet, doch bald stellten Gerichtsmediziner fest, dass der Tramwayfahrer Hans T., der bei dem Unfall selbst ums Leben gekommen war, 2,6 Promille Alkohol im Blut hatte und somit in »absolut fahruntauglichem Zustand« gewesen war.

Das Unglück sorgte für immenses Aufsehen, die Tageszeitungen berichteten wochenlang in großer Aufmachung. »Schon von der Silbergasse weg hat der Fahrer kaum bremsen können«, erklärte der Fahrgast Anton Öhlinger, »wir haben gerufen, er soll anhalten, uns aussteigen lassen. In der Station Peter-Jordan-Straße blieb er stehen, aber so kurz, dass keiner bei dem Gedränge hinauskam.«

Wie damals üblich, waren die Zuggarnituren dermaßen überfüllt, dass etliche Fahrgäste auf dem Trittbrett standen, so auch der Tischler Erwin Reichel: »Im letzten Teil der Billrothstraße wurde

Inferno in der Straßenbahn

das Tempo immer schneller und ich merkte, dass der Motorführer in der nächsten Station nicht mehr halten konnte. Plötzlich erfolgte der Zusammenstoß und ich wurde über das Dach des Wagens geschleudert.«

Am 9. August 1960 musste Verkehrsstadtrat Anton Schwaiger in einer Pressekonferenz eingestehen, dass sich der Wagenpark der Wiener Straßenbahnen in einem katastrophalen Zustand befand, vor allem infolge der heillos veralteten Holzbauweise der Züge. So waren auch die meisten Opfer des Unglücks in Döbling von zersplitterten Holzteilen regelrecht aufgespießt und auf diese Weise schwer verletzt oder getötet worden.

Der zerstörte Triebwagen des Unglückszuges wurde 1961 verschrottet, die beiden fast unbeschädigten Beiwagen standen bis 1979 im Verkehr, einer kam noch eine Zeit lang für Sonderfahrten zum Einsatz. Die Straßenbahnlinie 39 wurde im August 1970 aufgelassen.

Ein bereits eingeleitetes Gerichtsverfahren wurde eingestellt, da der Fahrer als einzig Schuldtragender verstorben war. Doch der Unfall hatte weitreichende Konsequenzen, denn der Wagenpark der Wiener Verkehrsbetriebe wurde nun endlich erneuert. Es dauerte allerdings noch mehrere Jahre, bis der letzte Holzkasten-Wagen ausgemustert war. Heute sind in Wien ausschließlich Metall- beziehungsweise Kunststoff-Metall-Züge im Einsatz.

Ein Unfall in dieser Dimension ist in unseren Tagen auszuschließen, sowohl infolge der modernen Sicherheitsvorrichtungen, als auch weil im Fahrdienst striktes Alkoholverbot gilt, dessen Einhaltung stichprobenartig kontrolliert wird. Ein Fahrer, bei dem Alkohol festgestellt würde, wird sofort vom Fahrdienst abgezogen, die disziplinären Maßnahmen reichen bis hin zur Kündigung.

Spurensuche im Kaiserhaus

Wenn Kaisers einen Ausflug machen
Maria Theresia in Haft

Selbst Majestäten wurden in fernen Jahrhunderten von ihren Untertanen oft nicht erkannt – die einzige Möglichkeit, einen Herrscher zu Gesicht zu bekommen, waren Münzen, auf denen ihre Köpfe geprägt waren. Aber doch nicht so deutlich, dass man sie auf Anhieb identifizieren konnte. Das ist die Grundinformation für diese und die folgende Geschichte.

So sehr Maria Theresia und ihr Mann Franz Stephan ihre Kinder liebten, hatten sie von Zeit zu Zeit doch das Bedürfnis, allein zu sein – anders hätten sie die »wilde Brut«, wie Maria Theresia ihre vielen Kinder nannte, gar nicht zustande gebracht. Von den sechzehn Kindern, die sie gebar, starben drei im Kleinkindalter, aber der Rest machte der Familie – obwohl natürlich Kammerfrauen und Erzieherinnen sonder Zahl zur Verfügung standen – doch zu schaffen. Und so gönnte sich das Herrscherpaar immer wieder einen freien Tag, den es zu zweit verbrachte. Über genügend Ausweichquartiere, um sich zurückziehen zu können, verfügte man ja: Hofburg, Schönbrunn, Laxenburg, Hetzendorf, Schlosshof und noch ein paar kleinere Palais in Wien und Umgebung standen zur Verfügung.

Einmal unternahmen Maria Theresia und Franz Stephan, zu dem sie schon in jungen Jahren »mein Alter« sagte, einen Ausflug ins

Leithagebirge. Bei Mannersdorf, so ist's überliefert, kletterte der Kaiser über eine Mauer und pflückte seiner Frau ein paar Trauben. Der Bauer erschien, stellte den Dieb und verlangte fünf Gulden Schadenersatz. Kaisers hatten natürlich kein Geld bei sich, der Winzer fragte sie nach ihrem Namen, sie stellte sich als Maria Theresia von Österreich vor, er als Kaiser – da fühlte sich der schlichte Mann gefoppt und sperrte die beiden kurzerhand in seinen Weinkeller. Die Leibwache befreite die Majestäten, erklärte dem verdatterten Bauern, wen er da gefangen genommen hatte, und die Kaiserin ließ ihm zehn Gulden auszahlen. Danach wurde an dieser Stelle eine Gedenktafel errichtet, die an den Tag erinnert, an dem Kaiser und Kaiserin als Traubendiebe eingesperrt wurden.

Beruf: Kaiser
Joseph II. als Taufpate

Kaiser Joseph II. war wie immer, wenn er verreiste, unter seinem Pseudonym Graf Falkenstein unterwegs. Als er an einer Posttränke im Salzburgischen Station machte, verzögerte sich der übliche Pferdewechsel, da der Postmeister alle Tiere fortgeschickt hatte, um Verwandte und Freunde zur Taufe seines kurz davor geborenen Sohnes herbeizuholen.

Der volkstümliche Monarch verlor seine gute Laune nicht und bot sich als Taufpate an. Der Postmeister erkannte, dass er einen hohen Herrn vor sich hatte und erklärte, dass es ihm eine Ehre wäre.

Bald trafen die Verwandten und Freunde ein und gingen in die

Stellte sich als Taufpate für den Sohn eines Postmeisters zur Verfügung: Kaiser Joseph II.

Kirche, wo der Ortsgeistliche die Taufe vollzog. Den Vorschriften entsprechend fragte er den Taufpaten nach seinem Namen. Der fremde Herr sagte: »Joseph.«

»Und Ihr Zuname bitte?«

»Joseph genügt.«

»Nein, die kaiserliche Vorschrift fordert auch den Zunamen.«

»Nun so schreibt Joseph der Zweite.«

»Der Zweite?«, wunderte sich der Priester. »Meinetwegen. Ihr Beruf?«

»Kaiser.«

Da schraken Pfarrer, Kaplan, Taufgäste und am meisten der Postmeister zusammen. Der Monarch streichelte liebevoll seinen Täufling, ging auf jeden einzelnen Gast zu, schüttelte alle Hände, beglückwünschte die verdutzten Eltern, reichte ein Taufgeschenk und sagte: »An der weiteren Feier kann ich leider nicht teilnehmen, ich habe noch eine weite Reise vor mir. Aber der Aufenthalt reut mich nicht. Lass er anspannen.«

Zurück blieb eine fassungslose Taufgesellschaft.

Eine bizarre Ehe
Kaiser Joseph II. und Maria Josepha

Der Spruch »Du, glückliches Österreich, heirate« ist zwar seit Jahrhunderten populär, hat aber viele Angehörige des Kaiserhauses nicht glücklich gemacht, sondern ganz im Gegenteil: ins Unglück gestürzt. Besonders traf diese Habsburger-Tradition Kaiser Joseph II., der seine zweite Frau Maria Josepha dermaßen hasste, dass er sie nie berührt, ja nicht einmal ihr Krankenbett besucht und an ihrer Beisetzung teilgenommen hat.

Dagegen war Kaiser Joseph in seiner ersten Ehe besonders glücklich gewesen, auch wenn die Liebe eher einseitig ausfiel. Josephs Mutter, Maria Theresia, hatte die Vermählung mit der ebenso hübschen wie klugen Prinzessin Isabella von Parma im Herbst 1760 in die Wege geleitet, um das Bündnis zum Haus Bourbon-Parma zu stärken. Kaiser Joseph erlebte in dieser Ehe höchstes Glück, doch Isabella war seiner jüngeren Schwester Marie Christine in lesbischer Liebe zugetan, wie die Korrespondenz der beiden Frauen unzweifelhaft dokumentiert. Isabella erlitt drei Fehlgeburten, und zwei Töchter starben im Kindesalter. Sie selbst wurde nur 21 Jahre alt, sie starb im November 1763, wie damals viele Mitglieder des Hauses

Habsburg, an den Pocken. Kaiser Joseph, der von der Zuneigung seiner Frau zu seiner Schwester vermutlich nie erfahren hat, sollte Isabellas Tod nicht verkraften und verharrte in lebenslanger Trauer.

Umso unglücklicher wurde er durch seine zweite Eheschließung mit Prinzessin Maria Josepha von Bayern, die ebenfalls von seiner Mutter »inszeniert« wurde – diesmal, um die österreichischen Beziehungen mit Bayern zu festigen. Die erzwungene Heirat des ungleichen Paares fand am 22. Jänner 1765 statt. Maria Josepha, Josephs Cousine zweiten Grades, wird als unhübsch und ungebildet beschrieben; sie war zwar sehr um die Beziehung zu ihrem kaiserlichen Gemahl bemüht, doch Joseph II. soll diese Ehe trotz Maria Josephas geradezu demütigenden Anstrengungen nie vollzogen und sich stattdessen mit zahlreichen Mätressen vergnügt haben. Auch Maria Josepha starb nach nur zweijähriger Ehe, ebenfalls an den Pocken.

Selten wird sich ein Ehemann beim Tod zweier Frauen so unterschiedlich verhalten haben: Während Joseph bei der Erkrankung seiner ersten Frau trotz der enormen Ansteckungsgefahr wochenlang kaum von ihrem Sterbelager gewichen war, weigerte er sich, Maria Josepha, während sie krank zu Bett lag, auch nur einen Besuch abzustatten. Sie starb 1767 im Alter von 28 Jahren und wurde in der Kapuzinergruft bestattet. Ihr Witwer glänzte bei der Beisetzung durch Abwesenheit.

Kaiser Joseph II., gerade erst 26 Jahre alt, weigerte sich, ein drittes Mal zu heiraten. Er blieb kinderlos, was dazu führte, dass ihm sein jüngerer Bruder Leopold II. auf den Thron folgte.

Gerechtigkeit für eine Königin
Die Tragödie der Marie Antoinette

Natürlich hat sie im Luxus gelebt, in Schlössern residiert und im Überfluss Champagner getrunken, natürlich hat sie teure Kleider und edlen Schmuck getragen. Schließlich war sie die Königin von Frankreich. Aber was Marie Antoinette sonst noch alles unterstellt wird, würde man heute als Fake News bezeichnen.

Die jüngste Tochter Maria Theresias wurde im Alter von vierzehn Jahren mit Frankreichs Thronfolger – dem Dauphin – verheiratet, der 1774 als Ludwig XVI. zum König gekrönt werden sollte. Es war, wie so viele Habsburger-Hochzeiten, eine Zwangsheirat. Marie Antoinette erfreute sich anfangs in der französischen Bevölkerung großer Beliebtheit, wurde aber bald Opfer einer gehässigen Propagandakampagne, deren Ursprung in ihrem tatsächlichen Luxusleben, aber auch im Hass der Franzosen gegen das Haus Habsburg lag.

Als Erzherzogin Maria Antonia im Jahr 1755 in Wien zur Welt gekommen, verstand sie es nicht, sich am Hof von Versailles beliebt zu machen. Bei den »kleinen Leuten« sprachen sich ihre rauschenden Feste herum und dass »l'Autrichienne«, wie sie verächtlich genannt wurde, beim Kartenspiel immense Summen verlor. Und das in einer Zeit, in der viele Franzosen hungern mussten.

Viele Geschichten, die über Marie Antoinette erzählt werden, stimmen – wir wissen das, weil der damalige österreichische Botschafter in Paris Depeschen an Maria Theresia nach Wien schickte, in denen er jede Kleinigkeit vom Hof meldete.

Der Hauptvorwurf gegen Marie Antoinette war, dass sie lange Zeit ihrer wichtigsten Aufgabe nicht nachkam: einen Thronfolger

Beweise für ihre Liebschaften gibt es nicht: Marie Antoinette

zur Welt zu bringen. Das soll daran gelegen haben, dass weder sie noch ihr um ein Jahr älterer Ehemann je wirklich aufgeklärt worden waren. Maria Theresia schickte deshalb ihren ältesten Sohn Joseph II. nach Versailles, um dem jungen Paar endlich beizubringen, was zu tun ist.

Schon hier widersprechen sich die damals in Paris lancierten Gerüchte, wurde doch gleichzeitig verbreitet, dass die angeblich unaufgeklärte Königin etliche Affären hatte, auch mit mehreren Damen ihres Hofs – und das, obwohl homoerotische Beziehungen in Frankreich mit Haftstrafen geahndet wurden. Ihr berühmtestes Verhältnis soll sie mit dem schwedischen Grafen Hans Axel von Fersen gehabt haben. Doch Beweise für all die ihr unterstellten Liebschaften gibt es keine.

Wahr ist, dass die Königin ein ausschweifendes Leben führte. Ihr Schmuck, ihre teuren Kleider, ihre Friseurkosten sind legendär, und von ihrem Mann ließ sie sich mit dem Schloss Petit Trianon ein eigenes Refugium bauen. Andererseits weiß man heute, dass die Kosten ihrer Hofhaltung nicht höher waren als die früherer Königinnen.

Nach acht Jahren Ehe – und dem »Besuch« Josephs II. in Versailles – gebar Marie Antoinette endlich eine Tochter. Drei weitere Kinder folgten, darunter zwei Söhne, die beide im Kindesalter starben.

Ihren berühmtesten Satz soll die Königin gesagt haben, als das hungernde Volk in den 1780er-Jahren protestierend nach Versailles zog und nach Brot verlangte. Darauf hätte Marie Antoinette mit den Worten reagiert: »Wenn das Volk kein Brot hat, dann soll es eben Kuchen essen.«

Es gibt nicht den geringsten Beweis dafür, dass dieses Zitat von ihr stammt. Ebenso berühmt wie das Kuchen-Zitat ist die sogenannte »Halsbandaffäre«, durch die Marie Antoinette in einen Betrugsskandal verwickelt wurde. Kardinal Rohan hatte einer Gräfin La Motte ein kostbares Diamantenhalsband übergeben, das diese an die Königin weiterleiten sollte. Doch das Halsband ist nie bei Marie Antoinette angekommen, vermutlich hat es die Gräfin veruntreut. Alle Welt glaubte aber, die Königin hätte das Collier unterschlagen. Längst ist erwiesen, dass Marie Antoinette mit der Angelegenheit nichts zu tun hatte.

Die Königin lebte verschwenderisch, aber Historiker halten fest, dass sie gegen keinerlei Gesetze verstoßen hatte, dass also eine Verurteilung – noch dazu zum Tod – nicht gerechtfertigt war. Die meisten Unterstellungen und Hasstiraden wurden von Anhängern der Französischen Revolution erfunden, um den gegen Marie Antoinette geführten Prozess zu »legalisieren«. Als Gipfel der Geschmacklosigkeit wurde von ihren Gegnern behauptet, Marie Antoinette hätte ein inzestuöses Verhältnis mit ihrem Sohn gehabt. Sie wurde auch wegen Hochverrats und Unzucht angeklagt.

Die letzten zwei Monate ihres Lebens verbrachte die Königin in einem Gefängnis, in dem fast 1200 Menschen ihre Strafen verbüßten. Von hier aus wurde Marie Antoinette am 16. Oktober 1793 zum Revolutionsplatz – der heutigen Place de la Concorde – geführt, wo sie enthauptet wurde.

Ihre letzten Worte waren »Pardon, Monsieur«. Sie war dem Henker versehentlich auf den Fuß getreten.

Das vergessene Attentat auf den Thronfolger
Ein Mordanschlag in Baden bei Wien

Ehe Bad Ischl zur Sommerresidenz des Kaisers wurde, kam diese ehrenvolle Stellung der Stadt Baden bei Wien zu. Hier hielt sich jedes Jahr im Juli und August Kaiser Franz I. mit Ehefrau und Sohn, dem späteren Kaiser Ferdinand, auf. Ein spektakuläres Ereignis sollte den aufstrebenden Tourismus im Kurort für viele Jahre lahmlegen.

Man schrieb den 9. August 1832, als der 39-jährige Kronprinz Ferdinand das kaiserliche Wohnhaus am Hauptplatz 17 verließ, um in Begleitung seines Dienstkämmerers den Gottesdienst zu besuchen und einen Spaziergang zu unternehmen. Unbemerkt folgte ihnen ein Mann, der am Ende der Bergstraße eine Pistole zog und auf den Thronfolger schoss.

Ferdinand wurde an der linken Schulter getroffen und verletzt, wobei keine Lebensgefahr bestand. Während der Adjutant des Erzherzogs – übereinstimmenden Zeugenaussagen zufolge – »zitternd im Straßengraben stand«, waren mehrere Bedienstete der umliegenden Villen schnell zur Stelle, die sich des Kronprinzen annahmen, den flüchtenden Attentäter überwältigten und bis zum Eintreffen der Polizei festhielten.

Schon bei den ersten Verhören stellte sich heraus, dass der Mordanschlag kein politisches, sondern ein persönliches Motiv hatte: Der k. k. Hauptmann Franz Reindl hatte viele Jahre in der Armee gedient und sich in mehreren Feldzügen als tapferer Offizier bewährt. Wegen seiner Trunksucht im Alter von vierzig Jahren in Frühpension geschickt, starb kurz danach seine Frau, worauf sein Leben vollends aus den Fugen geriet. Der Alkoholkonsum nahm weiter zu und Reindl stürzte sich in immer größere Schulden.

In dieser Situation bat er Erzherzog Ferdinand brieflich um Hilfe, der ihm tatsächlich mehrmals höhere Summen überwies. Bei seinem letzten Ansuchen ließ er ihm jedoch einen niedrigeren Guldenbetrag zukommen als zuvor. Da schwor Reindl Rache. Er fuhr nach Baden, verfolgte den Sohn des Kaisers auf seinem Spaziergang und schoss.

Der geistig und körperlich etwas zurückgebliebene Kronprinz sollte sich von seiner Verletzung bald erholen und wurde seinem späteren Ruf als Ferdinand »der Gütige« gerecht, als er die Kosten der Erziehung von Reindls Sohn übernahm. Der Attentäter selbst wurde zu einer lebenslangen Freiheitsstrafe verurteilt und starb nach fünfzehnjähriger Festungshaft.

So glimpflich der Mordanschlag ausging, so bitter erwiesen sich die Folgen für Baden. Ferdinand kam nie wieder in die Kurstadt, was dazu führte, dass auch Wiens Aristokratie und andere prominente Gäste für viele Jahre ausblieben.

Der Erzherzog wurde drei Jahre nach dem Attentat – als sein Vater Franz starb – Kaiser von Österreich. 1848 verzichtete er zugunsten seines achtzehnjährigen Neffen Franz Joseph auf den Thron.

»Er hatte keine Ahnung von Geld«
Kronprinz Rudolf in finanziellen Nöten

Sein aufwendiger Lebensstil – vor allem Jagden und Frauenaffären, die beiden großen Leidenschaften des Kronprinzen – verschlang Unsummen. Im Gegensatz zu anderen Erzherzögen wie Franz Ferdinand, der das große Vermögen des Hauses Österreich-Este geerbt hatte, verfügte der Sohn des Kaisers keineswegs über besondere Reichtümer. Er war auf seine jährliche Apanage von 45 000 Gulden* angewiesen und erhielt als Generalinspekteur der k. u. k. Infanterie eine eher bescheidene Monatsgage.

Der Kronprinz fand in Baron Moritz Hirsch einen wahrhaft großzügigen Financier, der ihm auch ein väterlicher Freund werden sollte. Der jüdische Bankier war 27 Jahre älter als Rudolf, stammte aus Bayern, lebte in Paris, Brüssel, London und Wien. Sein gewaltiges Vermögen hatte er mit der Finanzierung der Balkaneisenbahn und der Beteiligung an einer privaten Lotteriegesellschaft erwirtschaftet. Dem Kronprinzen sollte er einige Male aus schwerer

---

* Die Summe entspricht laut Statistik Austria im Jahr 2020 einem Betrag von rund 500 000 Euro.

Finanznot helfen. So machte Rudolf seiner Geliebten Mizzi Caspar teure Schmuckgeschenke und kaufte ihr ein Zinshaus auf der Wieden. Auch seine Cousine Marie Larisch, die die Bekanntschaft mit der siebzehnjährigen Baronesse Mary Vetsera hergestellt hatte, ließ sich ihre Vermittlerdienste teuer bezahlen.

Rudolfs Freundschaft mit dem Baron Hirsch wurde von antisemitischen Kreisen angeprangert. Als der Kronprinz im September 1888 mit Hirsch bei einem gemeinsamen Frühstück im Hotel *Imperial* gesehen wurde, wurde Rudolf in der Zeitung *Unverfälschte deutsche Worte*, die der Antisemit Georg von Schönerer herausgab, – ohne namentlich genannt zu werden, aber für jedermann deutlich erkennbar – als »Judenknecht« bezeichnet.

Kaum zu glauben, dass solche Attacken trotz scharfer Pressezensur in der Monarchie in Druck gehen konnten. Auch Rudolf wunderte sich, wie er einmal seinem ebenfalls jüdischen Freund, dem Verleger Moriz Szeps, anvertraute: »Warum hat denn dieser Baron Krauss (Wiens Polizeipräsident, Anm.), der ja alle möglichen Zeitungen zusammenkonfiszieren lässt, wenn es gegen ihn oder Taaffe (den Ministerpräsidenten, Anm.) gerichtet ist, nicht konfiszieren lassen, wenn es gegen mich ausfällt? ... Es scheint, dass ich diesen Herren in der Quere bin. Ich verlange gewiss nicht eine Extrabehandlung als Kronprinz, wenn aber die Herren, um nur sich selbst zu schützen, zusammenkonfiszieren lassen, was Platz hält, so sollten sie dasselbe tun, wenn es einmal mich trifft.«

Bei seinem Tod im Jahr 1889 schuldete Rudolf dem Bankier Hirsch 150 000 Gulden*, die vom Kaiser sofort beglichen wurden.

---

* Die Summe entspricht laut Statistik Austria im Jahr 2020 einem Betrag von rund 1,8 Millionen Euro.

Der Kronprinz hatte »vom Geld und Geldwert keine Ahnung« gehabt: Stephanie, Rudolf

Kronprinzessin Stephanie meint aber in ihren Memoiren, dass die finanziellen Sorgen sicher kein Grund für den Selbstmord gewesen seien. Rudolf hatte »vom Geld und Geldwert keine Ahnung« gehabt. Man sprach nie darüber.

Ein merkwürdiger Jagdunfall
Wollte Kronprinz Rudolf den Kaiser töten?

Der Vorfall ereignete sich am 3. Jänner 1888, ein Jahr vor Mayerling. Am Hintergrund des Geschehens besteht kein Zweifel, es wird von Kronprinz Rudolfs erstem Biografen, dem renommierten Historiker Oskar von Mitis, 1928 detailreich beschrieben: »Nur um Haaresbreite fehlte es damals, dass der Thronfolger seinen Vater erschoss, als im Höllgraben bei Mürzsteg auf Kahlwild gejagt wurde«, schreibt Mitis. »Der Trieb ging, nachdem sowohl der Kaiser wie der Kronprinz ziemlich viel geschossen hatten, bereits dem Ende zu, als dem Kronprinzen noch ein Rudel Hochwild kam. Er beschoss das Wild, und als es immer weiter flüchtend für ihn immer weniger erreichbar wurde, vergaß er die alte Regel, verließ seinen Stand und schoss nochmals, als das Wild schon gegen den Stand des Kaisers zog. Die Kugel traf den hinter dem Stand des Kaisers sitzenden Träger Martin Veitschegger aus Mürzsteg beim Ellenbogen in den Ärmel. Dieser erhielt vom Kaiser fünfzig Gulden, und der Kronprinz durfte an dem Trieb am nächsten Tag nicht teilnehmen. So war durch das völlig regelwidrige Verhalten des Thronfolgers die Gefahr einer unerhörten Katastrophe, die mit unabsehbaren Folgen verknüpft gewesen wäre, heraufbeschworen worden.«

Nie war in diesem Zusammenhang eine andere Version als die eines bedauerlichen Unfalls vermutet worden. Bis der Schriftsteller Rolf Hochhuth im August 1988 in einem Artikel in der Wiener Tageszeitung *Die Presse* ein Gespräch wiedergab, das er mit dem 1981 verstorbenen Enkel des Kronprinzen geführt hatte.

Hochhuth schreibt, er sei beim Prinzen Joseph Windisch-Graetz zu Gast gewesen. Wie zu erwarten, entwickelte sich das Gespräch auch in Richtung Mayerling. Plötzlich sagte der Prinz zum Schriftsteller: »Gern sagt man das ja nicht als Enkel, aber mein Großvater hat geschossen auf den Kaiser! Auf der Jagd hat er's versucht, ihn umzubringen, aber der Schuss ging in den Arm des Büchsenspanners. In dem Moment, als er dem Kaiser ein neu geladenes Gewehr hinhielt, bekam er an seinem linken Unterarm den Schuss. Der Kaiser, kreidebleich, kam von seinem Anstand herab und hat vor der versammelten Gesellschaft seinen Sohn aufgefordert, sofort die Jagd zu verlassen. Schon, dass der Kronprinz dort seinen Stand aufgebaut hatte, ließ auf ein Attentat schließen: So postiert man sich nicht, dass man so leicht den Nachbarn treffen kann.«

Der Enkel war überzeugt, dass das Malheur – Rudolf war ein Meisterschütze – kein Unfall gewesen sei, »sondern ein Attentat«. Laut Hochhuth war Windisch-Graetz »völlig freizusprechen von der Verdächtigung, leichtfertig und unbewiesen seinen Großvater eines Mordanschlages gegen den Urgroßvater bezichtigt zu haben! Der Prinz sah in Rudolf einen bedeutenden Politiker, der verzweifelt war, an seinem starrsinnigen Vater vorbei keine Reform zur Rettung der Monarchie durchsetzen zu können und deshalb in die gewaltsame Opposition, ja bis zum Mordversuch gedrängt worden sei. Das«, fügt Rolf Hochhuth seinem Bericht an, »wollte ich überliefern«.

Zu vermerken ist auch die Stelle aus einem Brief des Thronfolgers an seine Frau Stephanie, in dem er über den verhassten deutschen Kaiser schreibt: »Den Wilhelm möchte ich höchstens einladen, um ihn durch ein Jagdabenteuer aus der Welt zu schaffen ...«

Es soll hier nicht der Eindruck entstehen, dass der Kronprinz tatsächlich seinen Vater umbringen wollte. Dass er auf einen anderen Menschen zu schießen imstande war, hat sich jedoch ein Jahr nach dem Vorfall mit Kaiser Franz Joseph erwiesen.

Ihr Inhalt könnte Mayerling klären
Der Kronprinz und die geheimnisvolle Schatulle

Es kursieren nach wie vor zahllose Gerüchte, wie es zur Katastrophe kam, die der Sohn des Kaisers in Mayerling ausgelöst hat. Eine wichtige Rolle, die zur endgültigen Klärung führen könnte, spielt dabei eine geheimnisvolle Schatulle, die die Tatwaffe enthalten soll. Aber die Familie Habsburg will sie nicht herausgeben.

Otto von Habsburg, der Sohn des letzten Kaisers, hat mir 1993 erklärt, im Besitz dieser Schatulle zu sein. Sie wurde ihm 1985 von Kurt Paümann in einem Hamburger Bankhaus überreicht. In der 20 x 12 Zentimeter großen Schatulle soll sich neben Rudolfs Armeerevolver je eine Locke der beiden Toten und ein Taschentuch befunden haben.

Paümann hatte die Kassette von seinem Vater Eduard von Paümann, einem engen Mitarbeiter Kaiser Karls, erhalten, als dieser im November 1918 Wien fluchtartig verlassen musste. Paümann junior retournierte die Kassette 67 Jahre später an den Sohn des Kaisers.

Als ich im Jahr 1993 Otto von Habsburg fragte, ob er wirklich im Besitz dieser Schatulle sei, antwortete er: »Ja, mir wurden einige Dokumente übergeben, die im Zusammenhang mit dem Tod des Kronprinzen stehen.«

Frage: »Befindet sich in der Schatulle auch der Revolver, mit dem Kronprinz Rudolf geschossen hat?«

Habsburg: »Ich möchte in diesem Zusammenhang nicht über Einzelheiten sprechen.«

Frage: »Wo sind die Gegenstände heute?«

Habsburg: »Schauen Sie, ich befasse mich sehr viel mit Geschichte, aber nur dann, wenn sie uns weiterführt, daher habe ich kein Interesse an Mayerling. Ich habe das Konvolut einem Angehörigen meiner Familie gegeben, der sich dafür eher interessiert.«

Den Namen des Familienmitglieds wollte er nicht nennen. Immerhin erklärte Habsburg, dass der Inhalt der Schatulle die Version eines Doppelmordes bestätigen würde, dass also Rudolf zuerst Mary und dann sich selbst getötet hätte. Und dann sagte Otto noch: »Solange ich lebe, wird das Geheimnis von Mayerling nicht restlos geklärt werden.«

Nun ist Otto von Habsburg seit 2011 tot, doch über Mayerling schwebt noch immer der Mythos des Geheimnisvollen. Ich fragte daher Ottos Sohn Karl von Habsburg, ob er im Besitz der Kassette sei. Er verneinte.

Den Besitzer zu eruieren, ist unmöglich: Es gibt weltweit rund fünfhundert Mitglieder des Hauses Habsburg.

Der Mythos von Mayerling lebt weiter, weil die Habsburger seit 1889 dafür sorgen, dass der Fall nicht geklärt werden kann. Daran hat sich weit mehr als ein Jahrhundert später nichts geändert. Und so wird der Mythos wohl ewig weiterleben.

Österreichs berühmteste Schmuckstücke
Wie Kaiserin Elisabeth zu ihren Sternen kam

Es war eine Aufführung von Mozarts *Zauberflöte*, die dazu führte, dass Kaiserin Elisabeth fortan so gerne Sterne im Haar trug. Die Frisur der Königin der Nacht war mit mehreren Sternen geschmückt. Solche Sterne wollte Sisi auch.

Österreichs berühmteste Schmuckstücke

Für den Kaiser war Elisabeths Wunsch Befehl. Er beauftragte 1858 den Hof- und Kammerjuwelier Köchert, 27 Sterne herzustellen. Die diamantenen Schmuckstücke waren auf einem Goldgestell montiert, das man mit Silber überzogen hatte. Der Schmuck wurde oft so angefertigt, dass er auf verschiedene Art und Weise getragen werden konnte. Man konnte die Sterne als Anhänger oder als Brosche verwenden oder eben an einer Spange befestigen und ins Haar stecken.

Hier sind die Sterne der Kaiserin dokumentiert: Elisabeth im berühmten Porträt von Franz Xaver Winterhalter

Die Sterne wurden durch das Sisi-Bild des Malers Franz Xaver Winterhalter berühmt. Auf dem 1865 entstandenen Gemälde sind neun solcher Sterne in Sisis Haar zu sehen.

Schmuck und Kleider der Kaiserin waren für Aristokratinnen und wohlhabende Frauen Vorbild, und so ließen sich viele Damen der Gesellschaft solche Sterne anfertigen. Franz Joseph bestellte bis zu vierzig Sterne, die Elisabeth zum Teil weiterschenkte. »Anders als bisher angenommen«, schreibt die Historikerin Johanna Ruzicka in dem Buch *Sisi und die Diamantsterne*, »hat Kaiserin Elisabeth ihren Lieblingsschmuck aber nicht an ihre Hofdamen oder Vertrauten verschenkt«.

Dennoch weiß man heute nicht genau, wo sich die Sterne befinden und ob es sie überhaupt noch alle gibt. Sie gehörten nämlich zum privaten Besitz der Kaiserin und waren daher nicht den strengen Inventarisierungsregeln wie andere kaiserliche Besitztümer unterworfen.

Zuletzt machte ein Sisi-Stern im Jahr 1998 Schlagzeilen. Damals wurde in Schönbrunn eine Elisabeth-Ausstellung gezeigt, wobei ein Stern auf mysteriöse Weise aus einer Vitrine verschwand. Das wertvolle Schmuckstück tauchte zehn Jahre später in Kanada auf, wohin es ein amtsbekannter Bankräuber verschleppt hatte. Mittlerweile ist der Stern wieder in Wien. Er wurde seiner Besitzerin, deren Vater den Stern in der Zwischenkriegszeit in Budapest gekauft hatte, retourniert. Sie hat den Stern dem Sisi-Museum in der Hofburg zur Verfügung gestellt, wo er heute zu besichtigen ist.

Die Tragödie von Sisis Schwester
Eine Brandkatastrophe fordert mehr als hundert Tote

Dass Kaiserin Elisabeth viele Tragödien zu erleiden hatte, ist bekannt. So weiß man vom Tod ihrer zweijährigen Tochter Sophie, vom Selbstmord ihres Sohnes Rudolf in Mayerling, von

Die Tragödie von Sisis Schwester

ihrer unglücklichen Ehe mit Kaiser Franz Joseph und schließlich von ihrer eigenen Ermordung in Genf. Ihre oft mehrere Monate dauernden Reisen waren eine Flucht vor der Wirklichkeit.

Eine weitere Tragödie in Elisabeths Umfeld ist weniger bekannt. Sie betrifft ihre um zehn Jahre jüngere Schwester Sophie, die unter schrecklichen Umständen bei einer Feuerkatastrophe in Paris ums Leben kam. Doch nicht nur der Tod, auch das Leben von Sisis jüngster Schwester verlief äußerst dramatisch.

Prinzessin Sophie in Bayern war im Alter von zwanzig Jahren mit ihrem Cousin, dem Bayernkönig Ludwig II., verlobt worden. Da er jedoch an Frauen wenig Interesse zeigte, wurde die Verlobung gelöst. Stattdessen heiratete sie Herzog Ferdinand von Alençon, einen Enkel des französischen Königs Louis-Philippe.

Sie wurde auch mit ihm nicht glücklich und verliebte sich in den Grazer Arzt Dr. Glaser, dessen Frau den Skandal an die Öffentlichkeit brachte, worauf die Herzogin von Alençon mit ihrem Geliebten nach Meran flüchtete. Bei ihrer Rückkehr wurde sie in eine Wiener Privatanstalt für geistig abnorme Personen gesperrt. Frauen, die des Ehebruchs überführt wurden, galten in jenen Tagen als nicht zurechnungsfähig.

Auch Kaiserin Elisabeth zeigte kein Verständnis für ihre kleine Schwester und tat nichts, um ihr zu helfen, sie schrieb nur ein Gedicht, in dem sie Sophies Schicksal beklagte:

Du bist im Irrenhaus, du bist gefangen,
Ein Opfer deiner tollen Leidenschaft;
Es bricht mein Herz, denk' ich der wilden, bangen
Verzweiflung, die dich packt in deiner Haft.

Nach einiger Zeit kehrte die Herzogin von Alençon zu ihrem Ehemann zurück und war »wieder die Alte«, wie ihre Nichte Amélie ihrem Tagebuch anvertraute. »Die Glaser-Geschichte«, ist hier nachzulesen, »blieb nur wie ein böser Traum«.

Kam tragisch bei einem Brandunfall ums Leben: Sophie Herzogin von Alençon, die Schwester der Kaiserin Elisabeth

Am 4. Mai 1897, zehn Jahre nach der aufsehenerregenden Affäre und eineinhalb Jahre vor der Ermordung ihrer Schwester Elisabeth, nahm die nun fünfzigjährige Herzogin an einer Filmvorführung in einem Zelt in Paris teil. Als ein Zelluloidstreifen Feuer fing, bewies sie Charakter: Sophie von Alençon hatte sich bereits ins Freie gerettet, bemerkte aber, dass andere Gäste noch im Zelt waren. Sie lief zurück, um zu helfen, und kam in dem Flammenmeer ums Leben.

Unter den mehr als hundert bis zur Unkenntlichkeit verkohlten Leichen musste Sophie anhand des Gebisses von ihrem Zahnarzt identifiziert werden.

Spurensuche in dunklen Stunden

Österreichs erster Emigrant
Stefan Zweig verlässt seine Heimat

Vom Bürgerkrieg des Jahres 1934 waren nicht nur politische Aktivisten betroffen, sondern auch Privatpersonen. So notierte Stefan Zweig, dass seine Villa am Salzburger Kapuzinerberg im Frühjahr 1934 von der Polizei gestürmt und aus nicht nachvollziehbaren Gründen nach Waffen durchsucht wurde. »Mein Haus gefiel mir nicht mehr nach jenem amtlichen Besuch«, notierte der Dichter, »und ein Gefühl sagte mir, dass solche Episoden nur schüchternes Vorspiel viel weiter reichender Eingriffe waren«.

Stefan Zweig packte seine Koffer, fuhr nach England und kehrte nie wieder zurück – er war Österreichs erster Emigrant. Denn er sah, prophetisch wie kein anderer, die Machtübernahme der Nationalsozialisten auf Österreich zukommen.

Das lag daran, dass sein Haus in Salzburg so nahe an dem bereits von Hitler beherrschten Deutschen Reich lag, »dass ich nachts, von der deutschen Grenze her, immer das Rollen von Panzern hörte«.

In London erhielt Zweig bald Besuch von seinem Freund Carl Zuckmayer, den er beschwor, nicht wieder nach Österreich zu fahren, sondern seine Familie nachkommen zu lassen und im sicheren Großbritannien zu bleiben. Zuckmayer fand es unbegreiflich, dass der um fünfzehn Jahre Ältere jetzt, da der Bürgerkrieg vorbei war

Österreichs erster Emigrant

»*Mein Haus gefiel mir nicht mehr nach jenem amtlichen Besuch*«: Stefan Zweig

und keine unmittelbare Gefahr zu drohen schien, nicht wieder in sein geliebtes Heim in Salzburg zurückkehren wollte.

Stefan Zweig hatte bereits seinen gesamten Besitz aus Österreich abgezogen. Er könnte dort angesichts der nahen Nazihorden nicht mehr ruhig schlafen, sagte er zu Zuckmayer und warnte ihn eindringlich, fast verzweifelt: »Du gehst in eine Falle zurück, die früher oder später zuschnappt. Es kann gar nicht anders kommen. Warum willst du nicht jetzt, wo du dein Hab und Gut noch mitnehmen könntest, ins Ausland gehen, statt auf die Flucht zu warten – falls sie dir dann noch glückt?«

Zuckmayer schenkte Zweig keinen Glauben und kehrte in sein Haus in Henndorf am Wallersee zurück. Vier Jahre später, nach dem »Anschluss«, war Zuckmayer dann wirklich auf der Flucht. Ohne sein Hab und Gut mitnehmen zu können, wie Stefan Zweig es vorhergesehen hatte.

In noch einem Satz erwies dieser sich als prophetisch. Als die beiden Schriftsteller einander Jahre später in New York wiedersahen, erklärte Stefan Zweig: »Wie auch immer der Krieg ausgeht – es kommt eine Welt, in die wir nicht mehr hineingehören.«

Und in dieser Welt, in die er »nicht hineingehörte«, wollte er nicht länger leben. Stefan Zweig beging 1942 mit seiner Frau in Brasilien Selbstmord.

Wie es zum »Hitler-Gruß« kam
Die Wurzeln liegen im alten Rom

Kaum waren die Nationalsozialisten 1938 in Österreich einmarschiert, begrüßte man sich im ganzen Land von einem Tag zum anderen mit ausgestrecktem rechten Arm und den Worten »Heil Hitler«. Wer weiterhin »Grüß Gott« oder »Guten Tag« sagte, konnte zu einer Haftstrafe verurteilt werden, was tatsächlich vorkam. Wie aber ist diese lächerliche Geste entstanden?

Der »Saluto romano« als militärischer Gruß war schon zu Zeiten des Römischen Reichs üblich. Es gibt allerdings nur einen Beleg dafür, nämlich eine Abbildung auf der für Kaiser Trajan (53–117 n. Chr.) errichteten Gedenksäule in Rom. Wie darauf ersichtlich, grüßte man damals mit erhobener Hand und ausgestrecktem Zeigefinger.

Der ausgestreckte oder auch abgewinkelte Arm geriet für lange Zeit in Vergessenheit, ehe er im 18. und im 19. Jahrhundert wieder auftauchte. Nun diente er nicht als Gruß, sondern als Schwurgeste.

Wie es zum »Hitler-Gruß« kam

Man schwor vor Gericht mit erhobenem Arm, die Wahrheit zu sagen.

Im 20. Jahrhundert diente der »Saluto romano« zunächst als olympisches Symbol, erstmals bei den Olympischen Spielen 1924 in Paris, wo die Sportler mit nach oben gestreckter Hand ins Stadion einzogen.

War der Gruß bis dahin noch recht harmlos, so übernahm der italienische »Duce« Benito Mussolini den »Saluto romano« zur Unterstreichung seines Personenkults. »Die Hand« wurde zum offiziellen Gruß der faschistischen Partei und später auch des Staates.

Adolf Hitler in seiner grenzenlosen Selbstsucht gefiel die Geste, er ließ sie nach Mussolinis Vorbild zum »Deutschen Gruß« und zum »Hitler-Gruß« hochstilisieren. Ab Mitte der 1920er-Jahre grüßten einander Mitglieder der NSDAP so, nach der Machtübernahme im Jahr 1933 wurde der ausgestreckte Arm zur verpflichtenden Grußform des gesamten Volkes. Gleiches galt ab März 1938 für Österreich, wobei hier die Hand mitunter etwas schlampiger gehoben wurde. Wichtig war da wie dort der gesprochene Zusatz »Heil Hitler!«.

Stand man Hitler gegenüber, hatte man ihn mit den Worten »Heil, mein Führer!« zu grüßen.

Der »Hitler-Gruß« hatte einen der vielen Flüsterwitze zur Folge, die damals – übrigens unter Androhung der Todesstrafe – erzählt wurden:

Ein Irrenarzt begrüßt seinen Kollegen mit »Heil Hitler!«.
Sagt der andere: »Heil du ihn!«

Heirat ohne Bräutigam
Kurt Schuschnigg sitzt im Gefängnis

Österreichs letzter Bundeskanzler vor dem »Anschluss« an Hitler-Deutschland konnte bei seiner eigenen Hochzeit nicht dabei sein. Kurt Schuschnigg hatte sich 1936 in die 32-jährige Vera Fugger, geborene Czernin, verliebt, nachdem seine Frau Herma im Jahr davor bei einem Autounfall ums Leben gekommen war. Der Chauffeur des Kanzlers sollte das Ehepaar in die Ferien nach St. Gilgen bringen, schlief unterwegs ein und prallte mit dem Dienstwagen gegen einen Baum. Der Bundeskanzler wurde aus dem Auto geschleudert, kam aber ebenso wie sein kleiner Sohn, der Fahrer und ein Kriminalbeamter mit Verletzungen davon. Seine Frau starb.

Die Beziehung mit der um sieben Jahre jüngeren Vera Fugger erregte die Gemüter seiner christlichsozialen Parteifreunde, zumal die schöne Gräfin von ihrem ersten Mann geschieden war. Der streng katholische Kanzler dachte an einen Rückzug aus der Politik, fasste dann aber den Entschluss, angesichts der akuten Bedrohung Österreichs durch Hitler-Deutschland in der Regierung zu bleiben. »Aus moralisch-politischen Gründen« verzichtete er auf eine Heirat, solange er in der Regierung saß. 1937 wurde Veras erste Ehe mit dem Grafen Fugger von der katholischen Kirche annulliert, da sie angeblich »nicht vollzogen« worden war.

Am 1. Juni 1938, wenige Wochen nach seiner Verhaftung durch die Nationalsozialisten, heiratete Schuschnigg in der Wiener Dominikanerkirche. Da er das Gestapo-Gefängnis nicht verlassen durfte, wurde er bei der Trauung *per procurationem* durch seinen Bruder Artur vertreten. Die Eheschließung war rechtsgültig.

Solange der Exkanzler in Wien gefangen war, durfte ihn seine Frau einmal pro Woche für jeweils zehn Minuten unter Aufsicht eines Wachebeamten besuchen. Nach seiner Überstellung in eine Münchner Haftanstalt konnte sich Vera Schuschnigg täglich mehrere Stunden ohne Kontrolle bei ihrem Mann aufhalten. Die Hafterleichterung blieb nicht ohne Folgen: Am 26. März 1941 brachte Frau Schuschnigg ihre Tochter Maria Dolores zur Welt. Dem jungen Vater wurde im Konzentrationslager Sachsenhausen bei Berlin eine Holzhütte zugewiesen, in der er mit Frau und Kind leben durfte. Im Mai 1945 erfolgte die Befreiung der Familie aus dem KZ Dachau durch US-Truppen.

Der Burgschauspieler als Gestapo-Spitzel
Otto Hartmanns Verrat fordert Todesopfer

Als Schauspieler hat er keine große Karriere gemacht, sein Talent wurde als mäßig eingestuft. Und doch wurde Otto Hartmann ans Burgtheater engagiert – nicht um bedeutende Rollen zu spielen, sondern um Kollegen auszuspionieren und der Gestapo ans Messer zu liefern. Hartmann war einer der perfidesten Spitzel in der Zeit des Nationalsozialismus, seine Tätigkeit endete in mehreren Fällen tödlich.

Der 1904 in Wien geborene Schauspieler bespitzelte in der Ersten Republik Gegner des Ständestaates und war gleichzeitig illegales Mitglied der NSDAP. Nach dem »Anschluss« infolge seiner guten Kontakte zu den Nazis ans Burgtheater geholt, blieb er dort Kleindarsteller, erwarb sich jedoch als Agent der Gestapo große »Verdienste«. Als etwa am 25. Oktober 1940 Hermann Bahrs Volksstück *Der Franzl* Premiere hatte, spielte Hartmann neben dem Hauptdarsteller Paul Hörbiger eine Nebenrolle. »Alles, was im Burgtheater vorfiel, jedes Garderoben-Geplänkel, wurde von Hartmann an die Gestapo weitergeleitet«, erinnerte sich Paul Hörbiger nach dem Krieg. So wurde schon am Tag der *Franzl*-Premiere aufgrund von Hartmanns Spitzeleien der Löschmeister des Burgtheaters, Adolf Gubitzer, wegen »verdächtiger Aussagen« von der Bühne weg verhaftet.

Das Ensemble des Burgtheaters weigerte sich daraufhin, weiter mit dem Denunzianten Hartmann aufzutreten, worauf dieser tatsächlich von Direktor Lothar Müthel gekündigt wurde.

Doch Otto Hartmanns »Tätigkeit« erstreckte sich weit über das Burgtheater hinaus. Er hatte sich davor schon dem ahnungslosen Schauspieler und Widerstandskämpfer Fritz Lehmann gegenüber als Gegner des Nazi-Regimes ausgegeben, um sich durch ihn in die *Österreichische Freiheitsbewegung* einschleusen zu lassen. Deren Ziel war die Errichtung eines selbstständigen österreichischen Staates auf demokratischer Basis. Hartmann zeigte am 22. Juli 1940 den Augustiner-Chorherrn Karl Roman Scholz und zweihundert weitere Mitglieder der *Freiheitsbewegung* bei der Gestapo an. Scholz und andere Widerstandskämpfer wurden hingerichtet, später verriet Hartmann auch Kommunisten, die ebenfalls zum Tod verurteilt wurden. Otto Hartmann erhielt für seine Spitzeldienste von der Gestapo eine Belohnung von weit mehr als 30 000 Reichsmark.

Er wurde im September 1945 von französischen Besatzungssoldaten verhaftet und wegen Denunziation mit Todesfolgen vor

Gericht gestellt. Als man Paul Hörbiger – der in dem Prozess als Zeuge geladen war – fragte, ob seine eigene Verhaftung im Zusammenhang mit Hartmanns Verrat stünde, konnte er das nicht mit Sicherheit beantworten.

Otto Hartmann wurde zu lebenslanger Haft verurteilt, ging jedoch 1957 infolge einer Amnestie frei. Er starb 1990.

Hitler entführt Napoleons Sohn
Grabraub in der Kapuzinergruft

Es war alles andere als eine Liebesheirat, als Napoleon im März 1810 die österreichische Erzherzogin Marie-Louise ehelichte. Es war vielmehr die hohe Politik, die zu diesem erstaunlichen Schritt führte, zumal der Vater der Braut, Österreichs Kaiser Franz I., nach blutigen Kriegen endlich Frieden mit dem Korsen suchte. Und eine bessere Friedensgarantie als die Ehe einer Habsburgerin mit dem Erzfeind Napoleon konnte es nicht geben. Überraschenderweise wurde die Verbindung des 41-jährigen Kaisers von Frankreich mit der achtzehnjährigen Österreicherin glücklich, das Paar verliebte sich ineinander, und am 20. März 1811 kam der ersehnte Thronfolger Napoleon Franz Bonaparte zur Welt und erhielt den Titel eines Königs von Rom. Was aber hat Napoleons Sohn mit Hitler zu tun?

Nun, die Ehe war glücklich – doch sie hielt nicht lange. Denn Marie-Louise flüchtete, als Napoleon 1814 in die Verbannung nach Elba geschickt wurde, mit ihrem Sohn nach Wien. Sie hat ihren

Spurensuche in dunklen Stunden

Mann nie wiedergesehen und heiratete nach dessen Tod den Grafen Adam Albert von Neipperg.

Um ihren Sohn hat sie sich kaum gekümmert, der wuchs in der Obhut seines Großvaters, Kaiser Franz, in Wien auf und wurde von diesem zum Herzog von Reichstadt erhoben. Napoleons Sohn starb am 22. Juli 1832, nur 21 Jahre alt, im Schloss Schönbrunn an Tuberkulose.

Der Leichnam des Herzogs wurde in der Kapuzinergruft bestattet und blieb dort 108 Jahre lang. Bis sich die Politik einmischte: Als Hitler im Juni 1940 Paris eroberte, besuchte er Napoleons Grab im Invalidendom und erklärte, dass dessen in Wien beigesetzter Sohn an der Seite seines Vaters bestattet werden sollte. Damit wollte Hitler die durch Niederlage und Besatzung gedemütigten Franzosen mit den Nazis versöhnen – was ihm im Übrigen nicht gelang. Die Patres im Wiener Kapuzinerorden empfanden den Grabraub als Störung der Totenruhe.

Am 14. Dezember 1940 war es so weit, dass die Überreste des Herzogs »auf Befehl des Führers« exhumiert, in den Pariser Invalidendom überführt und neben seinem Vater beigesetzt wurden. Doch die »Reise« des Napoleon-Sohnes war damit noch nicht beendet. 1969 ließ Staatspräsident Charles de Gaulle den Kupfersarg in einem anderen Teil des Doms aufstellen. Herz und Eingeweide befinden sich nach wie vor in Wien – in der Herzgruft der Habsburger in der Augustinerkirche und im Stephansdom.

Historiker haben mehrmals die Frage gestellt, ob das »Geschenk« eines Unrechtsregimes rechtens sein kann und der Sarg mit dem Herzog von Reichstadt nicht längst zurück nach Wien gehörte.

Zwei Wahrheiten
Der Dirigent Wilhelm Furtwängler

Er zählte zu den bedeutendsten Dirigenten des 20. Jahrhunderts, aber auch zu den widersprüchlichsten. Es gibt zwei Wahrheiten um Wilhelm Furtwängler, und beide haben wohl ihre Berechtigung. Die eine zeigt ihn als musikalisches Aushängeschild der Nationalsozialisten, als Künstler, den der Propagandaminister Joseph Goebbels zum Vizepräsidenten der Reichsmusikkammer ernannte und der 1934 in einem »Aufruf der Kulturschaffenden« kundtat, »zu des Führers Gefolgschaft« zu zählen. Hitler zu Ehren dirigierte Furtwängler auch mehrere Konzerte, die aus Anlass der Geburtstage des »Führers« veranstaltet wurden.

Es gibt aber auch eine zweite Wahrheit. Im Gegensatz zu anderen, nicht minder prominenten Künstlern hat Wilhelm Furtwängler mehrfach seine Ablehnung des Nazi-Regimes gezeigt, gegen den »Arierparagrafen« protestiert und verfolgten Kollegen geholfen. Nachweislich ermöglichte er dem Primgeiger Szymon Goldberg die Ausreise aus Berlin – sehr zum Missfallen der Nazi-Behörden, die in einem Dienstschreiben festhielten: »Können Sie mir einen Juden nennen, für den Furtwängler nicht eintritt?« Laut Angaben des späteren Opernintendanten Rolf Liebermann hat Furtwängler Musiker, die von der Gestapo gesucht wurden, unter Einsatz des eigenen Lebens in seiner Wohnung versteckt gehalten. Und er dirigierte Werke mehrerer Komponisten, die von den Nationalsozialisten verboten waren.

Als man ihm das 1934 untersagte, trat er aus Protest als Direktor der Berliner Staatsoper und als Chef der Berliner Philharmoniker zurück. Allerdings tröstete ihn das »Tausendjährige Reich« nach

Spurensuche in dunklen Stunden

Zählte »zu des Führers Gefolgschaft«, half aber auch Verfolgten: der Dirigent Wilhelm Furtwängler

dem »Anschluss« Österreichs mit den Positionen als Leiter der Wiener Philharmoniker und als »Bevollmächtigter für das Musikwesen der Stadt Wien«.

Nach dem Krieg von der amerikanischen Besatzungsmacht mit einem Auftrittsverbot belegt, musste sich Furtwängler einem US-Entnazifizierungsverfahren stellen. Während der nach Amerika emigrierte Dirigent Bruno Walter Furtwängler vorwarf, sich »mit dem Regime der Teufel« eingelassen zu haben, setzten sich andere einst verfolgte Musiker wie Yehudi Menuhin und Paul Hindemith für ihn ein. Furtwängler wurde freigesprochen und durfte ab 1947 wieder dirigieren.

Der Dirigent adoptierte Kathrin Ackermann, die Tochter seiner zweiten Frau – sie ist die Mutter der heute bekannten deutschen Schauspielerin Maria Furtwängler. Marias Vater wiederum ist ein Neffe von Wilhelm Furtwängler. Neben einem ehelichen Sohn hatte der Dirigent vier uneheliche.

Wilhelm Furtwängler, der am 25. Jänner 1886 in Berlin zur Welt gekommen war, starb am 30. November 1954 im Alter von 68 Jahren in Baden-Baden.

Hat Goebbels eine Ohrfeige bekommen?
Die Geliebte des Propagandaministers

Die Geschichte hat damals riesiges Aufsehen erregt. Propagandaminister Joseph Goebbels, eine der übelsten Figuren des Nazi-Regimes, verliebte sich in die Schauspielerin Lída Baarová und wollte sich ihretwegen scheiden lassen. Die Baarová war gleichzeitig mit ihrem populären Kollegen Gustav Fröhlich liiert. Und der soll den Minister aus Eifersucht geohrfeigt haben.

Die Vorgeschichte: Goebbels wurde der »Bock von Babelsberg« genannt, weil er sich in den Berliner Babelsberg-Studios auf peinlichste Weise an zahlreiche Starlets heranmachte, die von seiner Gunst abhängig waren. Denn Goebbels behielt sich bei den von der *Ufa (Universum Film AG)* produzierten Filmen das letzte Wort bei der Besetzung vor.

Die gebürtige Tschechin Lída Baarová drehte ab 1934 deutsche Unterhaltungsfilme, in denen sie meist die Rolle des Vamps verkörperte. Sie und Gustav Fröhlich, ihr Partner auf der Leinwand und im Leben, galten als »Traumpaar des deutschen Films«, wovon einer in Wien gedreht wurde.

1938 ließ Goebbels die Baarová während einer Veranstaltung an seinen Tisch kommen und gab ihr »Tipps« für ihre Karriere. Die »Hilfe« des Ministers hatte keinen anderen Zweck, als Lída Baarová zu zeigen, wie wichtig er für ihren Berufsweg wäre. Tatsächlich entwickelte sich eine Affäre, die sich bald auch außerhalb der Filmbranche herumsprach und das Ende der Beziehung mit Gustav Fröhlich zur Folge hatte. Magda Goebbels sperrte ihren Mann aus der ehelichen Villa und informierte Hitler, der den liebestollen Minister zu

Spurensuche in dunklen Stunden

Affären mit Gustav Fröhlich und Joseph Goebbels: die Schauspielerin Lída Baarová

sich befahl. Goebbels war nicht bereit, sich von der Baarová zu trennen, und bot Hitler seinen Rücktritt als Minister an, mit dem Wunsch, stattdessen als deutscher Botschafter nach Japan zu gehen.

Doch Hitler schickte Lída Baarová mittels »Führerbefehl« nach Prag, verbat ihr jede weitere schauspielerische Tätigkeit im Deutschen Reich und ließ ihre bereits gedrehten Filme aus den Kinos verbannen.

Bleibt noch die Frage der legendären Ohrfeige. Gustav Fröhlich leugnete in seinen Memoiren, Goebbels je eine »Watschn« gegeben zu haben, schon weil er »nicht lebensmüde« gewesen sei. Zeugen des Vorfalls behaupteten jedoch das Gegenteil.

Lída Baarová, die am 7. September 1914 in Prag zur Welt gekommen war, drehte nach ihrer Ausweisung aus Deutschland vorwiegend tschechische und italienische Filme und verbrachte ihre letzten Lebensjahre in Salzburg, wo sie am 27. Oktober 2000 starb.

Der Mann, der den Stephansdom rettete
Eine mutige Befehlsverweigerung

Wir schreiben den 10. April 1945, es tobt die »Schlacht um Wien«, doch der Krieg ist zu diesem Zeitpunkt für die deutschen Truppen längst verloren. Da hissen Widerstandskämpfer der Gruppe 05 am Südturm des Stephansdoms eine weiße Fahne als Zeichen der Kapitulation. Dies soll Adolf Hitler in seinem Berliner Führerbunker mitgeteilt worden sein, worauf er wütend »Vergeltung für den Verrat« und damit die Zerstörung des Wiener Wahrzeichens verlangte.

Fest steht, dass der SS-Offizier und militärische Wiener Stadtkommandant Sepp Dietrich den Befehl an den Wehrmachtshauptmann Gerhard Klinkicht weiterleitete: »den Dom zunächst mit hundert Granaten in Schutt und Asche zu legen. Sollte das nicht ausreichen, ist bis zu seiner völligen Zerstörung weiterzuschießen.«

Gerhard Klinkicht war 1915 in Celle bei Hannover zur Welt gekommen, und er hatte eine innige Beziehung zum Dom, zumal er als Jugendlicher im Rahmen einer Pfadfinderreise in Wien war und damals den Südturm bestieg. Die befohlene Vernichtung des Doms hätte er »als Wahnsinnstat« empfunden, war der »Steffl« für ihn doch ein »Mahnmal der Liebe und des Friedens«.

Der dreißigjährige Hauptmann erhielt Dietrichs Befehl über Funk. Er zerriss das Blatt Papier, auf dem die Anordnung vermerkt war und sagte zu seinen Kameraden: »Nein, dieser Befehl wird nicht ausgeführt!« Für ihn war das »eine Gewissensentscheidung«, wie Klinkicht später berichtete. Dabei wusste er natürlich, dass die Befehlsverweigerung als Hochverrat galt und von den Nationalsozialisten mit der Todesstrafe geahndet wurde. Es ist den Wirren der letzten Kriegstage zu danken, dass Klinkicht seine Entscheidung überlebte.

Bei der feierlichen Wiedereröffnung des arg beschädigten Doms versicherte Kardinal Innitzer im April 1952 dem dazu eingeladenen Klinkicht: »Ihr Name ist in den Annalen der Stephanskirche ehrenvoll verzeichnet. Gott segne Sie immerdar für Ihre mutige, edle Tat.«

Klinkicht war nach dem Krieg nach Bayern gezogen und zeigte auch weiterhin seine Liebe zu dem Wiener Wahrzeichen, indem er insgesamt 150 000 Euro für die Sanierung und den Erhalt des Doms spendete. Der »Retter des Stephansdoms« starb am 14. März 2000 im Alter von 85 Jahren.

Drei Jahre davor enthüllte Kardinal Christoph Schönborn in Gerhard Klinkichts Anwesenheit am Südturm folgende Tafel, die an seinen Heldenmut erinnert: »Hauptmann Gerhard Klinkicht zum Dank. Durch seine Gewissensentscheidung bewahrte er im April 1945 den Stephansdom vor der Zerstörung.«

Spurensuche in der Welt der Medizin

Spurensuche in der Welt der Medizin

Haydns Schädel aus dem Grab gestohlen
Das Geheimnis um die Gebeine des Genies

Kein anderer Todesfall eines Komponisten hat derartiges Aufsehen erregt wie der von Joseph Haydn – wenn auch erst Jahre danach. Der Grund war, dass sein Schädel nach der Beerdigung aus seinem Grab verschwunden ist.

Haydn, der Meister der Wiener Klassik, starb am 31. Mai 1809 im Alter von 77 Jahren »infolge allgemeiner Entkräftung« in seiner Wohnung in der heutigen Haydngasse in Wien. Drei Tage nach der Beerdigung am Hundsturmer Friedhof in Meidling – an dessen Stelle sich der heutige Haydnpark befindet – wurde der Schädel des Komponisten aus seinem Grab gestohlen.

Wie sich später herausstellen sollte, hatte Joseph Carl Rosenbaum, der ehemalige Sekretär des Fürsten Esterházy, den Auftrag dazu gegeben. Haydn war lange als Hofmusiker in Esterházys Diensten gestanden.

Rosenbaum war ein Anhänger der sogenannten »Schädellehre« des Arztes Franz Joseph Gall, mit deren Hilfe anhand der Kopfform Haydns Genie ergründet werden sollte. An dem fragwürdigen Unternehmen waren neben Rosenbaum auch der Totengräber, ein Gefängniswärter und zwei Magistratsbeamte beteiligt, die das Grab bei Nacht und Nebel widerrechtlich öffneten und ihm den Schädel entnahmen.

Haydns Schädel aus dem Grab gestohlen

Sein Schädel wurde aus dem Grab gestohlen: Joseph Haydn

Entdeckt wurde der Diebstahl erst, als Haydns sterbliche Überreste 1820 exhumiert und in die Bergkirche – die heutige Haydnkirche – nach Eisenstadt überführt werden sollten. Nun sah man, dass der Schädel des Komponisten fehlte!

Im Jahr 1839 wurde der Kopf von Rosenbaums Witwe an den Arzt Karl Haller übergeben, von diesem gelangte die »schätzbarste Reliquie« 1852 an den berühmten Pathologen Carl von Rokitansky, der sie ebenfalls genau untersuchte.

Rokitanskys Söhne übertrugen den verschwundenen Schädel 1895 als »unwiderruflichen immerwährenden« Besitz der Gesellschaft der Musikfreunde, die ihn neuerlich untersuchen ließ, und zwar durch den Anatomen und Wiener Gesundheitsstadtrat Julius Tandler. Immerhin gelang es Tandler durch einen Vergleich mit Haydns Totenmaske, die Echtheit des Schädels nachzuweisen.

Im Jahr 1954 kam es unter den Klängen der Haydn'schen Kaiserhymne endlich zur feierlichen Beisetzung des Schädels in Haydns

Grab und damit zur Vereinigung mit den restlichen Gebeinen des Komponisten.

Haydn hatte seine letzten Lebensjahre in Wien-Gumpendorf verbracht. Als es mit ihm im Frühjahr 1809 zu Ende ging, war die Stadt gerade von französischen Truppen besetzt. Sobald Napoleon, der sich in Wien aufhielt, erfuhr, dass der große Joseph Haydn im Sterben lag, ließ er vor dessen Haustor eine Sterbewache aufstellen und die Straße mit Stroh bestreuen, damit der Meister nicht durch das Rumpeln der Wagenräder gestört würde.

Keine Idylle in Herrn Schrebers Garten
Der »Erfinder« des Schrebergartens war ein Tyrann

Eigentlich könnte man auf die Idee kommen, Herrn Daniel Gottlob Moritz Schreber ein Denkmal zu setzen. Denn es genießen ja heute noch Zehntausende Schrebergarten-Besitzer in vielen europäischen Ländern die unbestrittenen Verdienste dieses Mannes. Die werden jedoch von einem äußerst dunklen Punkt in seinem Leben überschattet.

Der am 15. Oktober 1808 in Leipzig geborene Orthopäde rief eine Kleingartenbewegung ins Leben, die dem »kleinen Mann« zu einem Stückchen Grün verhelfen sollte. In Wien wurden die ersten Schrebergärten nach dem Ersten Weltkrieg errichtet, nachdem durch die Kleingarten- und Kleinlandpachtordnung die dafür nötige gesetzliche Basis geschaffen wurde. Bürgermeister Jakob Reumann überließ den Wienern aufgrund der Initiative des Dr. Schreber ab 1919 billiges Land zur Bebauung und förderte die Errichtung kleiner Häuser.

Für die oft in dunklen Zinskasernen lebenden Menschen verbesserte der eigene Garten – so winzig er auch sein mochte – die Lebensqualität erheblich. Herrn Schrebers Idee, Arbeitern, Angestellten und Kleingewerbetreibenden Sonne und frische Luft zu verschaffen, ist somit, wenn auch erst lange nach seinem Tod, in Erfüllung gegangen.

Daniel Gottlob Moritz Schreber, der Erfinder des Schrebergartens, war ein Tyrann.

Zu diesem Zeitpunkt war freilich auch schon die andere Seite des Wohltäters bekannt. Sein Sohn Paul Schreber hatte es nach absolviertem Jusstudium zum Königlichen Senatspräsidenten am Oberlandesgericht Dresden gebracht, wurde aber 1894 wegen schwerer Paranoia für acht Jahre in eine psychiatrische Anstalt gesperrt. Nach seiner Entlassung veröffentlichte der Patient unter dem Titel *Denkwürdigkeiten eines Nervenkranken* seine autobiografischen Erlebnisse. In dem Buch schildert er das Martyrium, das er in seiner Kindheit infolge der Erziehungsmethoden seines tyrannischen Vaters durchlitten hatte.

Der scheinbar so menschenfreundliche Erfinder des Schrebergartens hatte seine Forderungen nach rigoroser und zwanghafter Kindererziehung in seiner Familie in die Tat umgesetzt. Er entwickelte sadistische »Körperhaltungsmaschinen« und andere Apparaturen mit Riemenwerk und Gurten, deren brutale Anwendung zur schweren Traumatisierung seines Sohnes führte.

Schrebers Familie hatte zunächst die komplette Auflage der *Denkwürdigkeiten eines Nervenkranken* aufgekauft, doch Sigmund Freud gelang es, sich ein Exemplar der Studie zu besorgen. Er veröffentlichte im Jahr 1911, kurz nach dem Tod des Patienten, den *Fall Schreber* und deutete dessen Symptome als Abwehr unbewusster homosexueller Phantasien.

Seine letzten Lebensjahre hatte Schreber jun. wieder in geschlossenen Anstalten verbringen müssen.

Daniel Gottlob Moritz Schreber war bereits 1861 im Alter von 53 Jahren in Leipzig verstorben. Mit dem Denkmal für ihn wird es wohl nichts werden.

Der betrunkene Spitalsdiener
Die Pest im Jahr 1898

Man kennt die Pest aus mittelalterlichen Berichten und von der großen Wiener Pestepidemie des Jahres 1679, als ihr rund zwölftausend Menschen zum Opfer fielen. Aber wie kam es, dass die hochgradig ansteckende Infektionskrankheit im Jahr 1898 noch einmal auftrat und wieder mehrere Tote forderte?

Der Internist Hermann Franz Müller hatte für Forschungszwecke Pestmaterial aus Bombay nach Wien gebracht, das in einem eigenen Zimmer des Pathologisch-anatomischen Instituts gelagert wurde. Dem Diener Franz Barisch kam die Aufgabe zu, die Pestbazillen abzusichern und zu betreuen. Und jetzt wird's tragikomisch wienerisch: »Eines Tages manipulierte Barisch unvorsichtig infolge seiner periodisch wiederkehrenden Neigung zum Alkohol«, schreibt die Medizinhistorikerin Erna Lesky in ihrem Buch *Meilensteine der Medizin*. Als Barisch am 15. Oktober 1898 erkrankte, übernahm Dr. Müller, unterstützt von zwei Schwestern, seine Behandlung. Der Arzt ließ den Diener in ein Isolierzimmer im Allgemeinen Krankenhaus bringen. Dieses Isolierzimmer lag zwischen zwei großen Krankensälen und war wie vieles in dem alten josephinischen Bau ein unzulängliches Provisorium.

Der Diener Franz Barisch starb dort am 18. Oktober, mitten in Wien, an Lungenpest. Der spätere Neurologe Erwin Stransky, der als Student die nun ausbrechende Panik im Allgemeinen Krankenhaus miterlebte, berichtete, wie Dr. Müller mit seinen Fingernägeln die Wände des Pestzimmers abkratzte und desinfizierte. Danach begab sich Müller im Bewusstsein der tödlichen Gefahr mit den zwei Krankenschwestern in eine Baracke des Kaiser-Franz-Josef-Spitals, die als einziger Raum in Wien über eine wirksame Isoliereinrichtung verfügte. Natürlich wurde der Tod des Krankenhausdieners in den Wiener Zeitungen gemeldet, und die ganze Stadt war von panischem Entsetzen erfüllt.

Am 23. Oktober starb der 32-jährige Dozent Müller an der Lungenpest, eine Woche später folgte ihm die Krankenschwester Albine Pecha in den Tod.

Auf den Tag genau ein Jahr nach seinem Tod wurde im achten Hof des Allgemeinen Krankenhauses eine Bronzebüste von Hermann Franz Müller aufgestellt. Der berühmte Internist und Neurologe Hermann Nothnagel hielt bei der Enthüllung eine Rede, in der er an Müllers mutiges Handeln erinnerte: »Nicht im hinreißenden Rausche einer mächtigen Erregung, sondern mit der gelassenen

Ruhe und Energie des Beobachters und Helden zugleich handelte er. Würdig und groß ging er in den Tod.«

So kam es, dass die in unseren Breiten längst ausgestorbene Pest an der Schwelle des 20. Jahrhunderts drei Menschenleben forderte.

Freud heilt Mahler
Das Zusammentreffen zweier Genies

Das Ehepaar Gustav und Alma Mahler* verbrachte den Sommer 1910 am Attersee. Während des Urlaubs begann Alma eine stürmische Liebesbeziehung mit dem Architekten Walter Gropius. Als Mahler davon erfuhr, wandte er sich verzweifelt an Sigmund Freud.

Freud war gerade auf Bildungsreise in Holland, wo ihn ein Telegramm des Komponisten erreichte. Es wurde ein Termin für Ende August vereinbart, Treffpunkt war die holländische Stadt Leiden.

Man hatte Mahler schon vor seiner Heirat vor der lebens- und liebeshungrigen Alma gewarnt. Nun schien die Unmöglichkeit dieser Ehe erwiesen. Die von der Männerwelt heftig umworbene Dreißigjährige fühlte sich, wie sie einmal sagte, bei ihrem fast zwanzig Jahre älteren Mann in »erzwungener Askese«. Laut Freud hatte Mahler seine »Libido von Alma abgewendet«, obwohl er sie sehr liebte. Tatsächlich setzte der Direktor der Wiener Hofoper seine

---

* Siehe auch Seiten 182–184

Freud heilt Mahler

»*Seien Sie ohne Sorge*«: *Gustav Mahler konsultierte Sigmund Freud.*

ganze Kraft für sein künstlerisches Schaffen ein und fühlte sich mit Alma nur noch seelisch verbunden.

Der Kontakt zwischen Mahler und Freud war auf nur einen Tag beschränkt. Zwei der bedeutendsten Männer ihrer Zeit trafen einander in Freuds Hotel und unternahmen einen mehrstündigen Spaziergang. Später erwähnte Freud die Begegnung mit den Worten, er hätte Mahler »einen Nachmittag lang in Leiden analysiert und, wenn ich den Berichten glauben darf, viel bei ihm ausgerichtet. Wir haben in interessanten Streifzügen durch sein Leben seine Liebesbedingungen, insbesondere seinen Marienkomplex (Mutterbindung, Anm.) aufgedeckt. Auf die symptomatische Fassade seiner Zwangsneurose fiel kein Licht. Es war, wie wenn man einen tiefen Schacht durch ein rätselhaftes Bauwerk graben würde.«

Alma Mahler ergänzt diese Aussage in ihren Erinnerungen, Freud hätte ihrem kränkelnden Mann Vorwürfe gemacht: »Wie kann man in einem solchen Zustand ein so junges Weib an sich ketten?« Doch dann hätte er seinen Patienten zu beruhigen versucht: »Ich kenne Ihre Frau. Sie liebte ihren Vater und kann nur diesen Typus suchen und lieben. Ihr Alter, das Sie so fürchten, ist gerade das, was Sie Ihrer Frau so anziehend macht. Seien Sie ohne Sorge.«

Angeblich hätte Mahler nach dem Treffen mit Freud seine verloren geglaubte Potenz wiedergewonnen. Doch der Komponist starb wenige Monate nach dieser Konsultation, am 18. Mai 1911, nur fünfzig Jahre alt, an einer Herzschwäche.

Vielleicht hat Freud ihm das Ende etwas erleichtert. Was den durchaus wohlhabenden Musiker nicht daran hinderte, seinem Arzt das ihm zustehende Honorar schuldig zu bleiben. Es wurde erst aus Gustav Mahlers Nachlass beglichen.

Der Arzt, der seine Patienten raubte
Lorenz Böhler ist der Vater der Unfallchirurgie

Die Art und Weise, wie er die Unfallchirurgie revolutionierte, hätte Lorenz Böhler beinahe ins Gefängnis gebracht: Als Leiter eines Lazaretts in Bozen zeigte der engagierte Arzt im Ersten Weltkrieg großes Interesse für die oft unsachgemäß behandelten Schwerverwundeten – er aber durfte in seinem Lazarett nur Leichtverwundete behandeln.

Der Arzt, der seine Patienten raubte

Er schlich sich deshalb wie ein Dieb zu einem nahen Bahnhof, wo er die schwerstverletzten Patienten aus den Verwundetentransporten »raubte« und dann – gegen alle Vorschriften – in seinem Spital medizinisch versorgte. Trotz der zweifelhaften »Patientenbeschaffung« galt Böhlers Klinik bald als bahnbrechend, da er vielen k. u. k. Soldaten das Leben retten oder sie vor Amputationen bewahren konnte.

Lorenz Böhler war der erste Arzt, der die falsche Behandlung von Unfallopfern erkannte. Diese wurden in Spitälern von unerfahrenen Medizinern in den chirurgischen Stationen neben Nieren- und Magenkranken betreut. Beispielsweise waren nur neun Prozent der Patienten mit Oberschenkelhalsbrüchen nach der Spitalbehandlung wieder voll arbeitsfähig, heute sind es fast hundert Prozent.

Als der gebürtige Vorarlberger Lorenz Böhler in der Ersten Republik mit Frau und fünf Kindern nach Wien kam, gelang es ihm, die Leitung der Allgemeinen Unfallversicherung davon zu überzeugen, in der Webergasse in Wien-Brigittenau das erste Arbeitsunfallkrankenhaus der Welt zu gründen, dessen ärztlicher Leiter er von 1925 bis 1963 war. Hier übertrug er seine bewährten Methoden der Chirurgie von Kriegsverwundeten auf Arbeitsunfallverletzte.

Bald strömten Ärzte aus aller Welt zu dem berühmten »Knochenpapst«, um in ihrer Heimat Unfallkrankenhäuser nach seinem Vorbild zu bauen. Böhler hatte schon bei der Planung des Unfallkrankenhauses in der Webergasse eingefordert, dass er immer erreichbar sein müsse. So wurden in dem Spital sowohl seine Privatordination (im zweiten Stock) als auch seine Wohnung (im vierten Stock) untergebracht.

Im Zweiten Weltkrieg war Böhler Mitglied der NSDAP, weshalb ihm 1945 vorübergehend die Professur an der Universität Wien entzogen wurde. Danach bis zu seinem 88. Geburtstag in seiner Ordination tätig, starb Böhler im Jänner 1973 im kurz zuvor eröffneten neuen Lorenz-Böhler-Unfallkrankenhaus in Wien.

Spurensuche in der Welt des Theaters

Spurensuche in der Welt des Theaters

Die Karte war schon gekauft
Anton Bruckner überlebt den Ringtheaterbrand

Anton Bruckner starb am 11. Oktober 1896. Es grenzt an ein Wunder, dass er nicht fünfzehn Jahre früher das Zeitliche gesegnet hat. Denn der große Komponist und Organist wollte am 8. Dezember 1881 die Vorstellung im Wiener Ringtheater besuchen, das an diesem Abend ein Raub der Flammen wurde.

Bruckner, 1824 im oberösterreichischen Ansfelden als Sohn eines Dorfschullehrers geboren, war zunächst Stifts- und Domorganist in St. Florian und Linz, ehe er 1877 eine Wohnung in Wien I., Ecke Schottenring/Heßgasse – im Haus direkt neben dem Ringtheater – bezog. Für die Vorstellung von *Hoffmanns Erzählungen* am 8. Dezember 1881 hatte er bereits eine Karte besorgt, er blieb jedoch – da er sich an diesem Abend nicht wohlfühlte – zu Hause.

So wurde er Zeuge des schrecklichen Geschehens in seiner Nachbarschaft. Bruckner musste von den Fenstern seiner Wohnung mitansehen, wie das Bühnenhaus in einem Flammenmeer unterging. Wie 384 Leichen aus dem Theater getragen wurden.

Er litt von da an unter einem schlimmen Trauma, hatte panische Angst vor Feuer und konnte keine Petroleumlampen mehr verwenden, weil er sich vor einer Explosion fürchtete.

Auch ertrug er die Nähe der gespenstischen Ruine des Ringthea-

Die Karte war schon gekauft

Überlebte, weil er sich an diesem Abend nicht wohlfühlte: Anton Bruckner

ters nicht mehr. Und so stellte ihm Kaiser Franz Joseph eine Wohnung im Wiener Belvedere zur Verfügung.

Bruckner blieb sein Leben lang Junggeselle. Als man ihn einmal fragte, warum er denn nicht heiraten wollte, antwortete er: »Weil ich keine Zeit habe. Ich muss jetzt die vierte Sinfonie komponieren!«

Neben der Ringtheaterkatastrophe, deren unmittelbarer Zeuge er geworden war, waren die bösartigen Verrisse Eduard Hanslicks der zweite Alptraum seines Lebens. Über seine achte Sinfonie schrieb der gefürchtete Musikkritiker, sie gehöre dem »Katzenjammerstil« an. Als Bruckner 1886 in Audienz bei Kaiser Franz Joseph erschien, um sich für die Verleihung des Franz-Joseph-Ordens zu bedanken, fragte der Monarch den Komponisten, ob er einen Wunsch hätte.

Worauf Bruckner treuherzig antwortete: »Majestät, wenn S' halt dem Hanslick verbieten täten, dass er immer so schlecht über mich schreibt.«

Ein Wunsch, den selbst der Kaiser nicht erfüllen konnte.

Bezahlte Beifallsklatscher
Claqueure gehörten zum Alltag des Theaterbetriebs

In früheren Theater- und Opernzeiten war es üblich, dass sich jeder einigermaßen bedeutende Schauspieler oder Sänger einen Claqueur hielt. Das waren, mehr oder weniger berufsmäßig, Damen und Herren, die gegen Bezahlung oder Freikarten in wilden Beifall verfielen und »Bravo« riefen, sobald ihr Auftraggeber die Bühne betrat, einen Monolog beendete, eine Arie sang oder von der Bühne abging. Die Claqueure wurden von den jeweiligen Direktionen meist nicht gern gesehen, aber ihren Stars zuliebe geduldet.

Paul Hörbiger schildert in seinen Memoiren, dass er seine Theaterkarriere als Claqueur begann. »Die Sache war ungeheuer gut organisiert«, schreibt der Volksschauspieler. »Wir saßen auf der Galerie, vor uns im Parterre hat der Claquechef (als gewöhnlicher Zuschauer getarnt) mit einem strahlend weißen Programmheft in der linken Hand residiert. Wenn er den rechten Zeitpunkt für einen Szenenapplaus kommen sah, hat er das Programmheft unauffällig, aber für alle Claqueure sofort erkennbar, in die Höhe gehoben, worauf unser stürmischer Beifall einsetzte.«

Junge, noch am Anfang ihrer Karriere stehende Claqueure – meist waren es Schüler, Studenten, aber auch Pensionisten – haben vor lauter Angst, den »Einsatz« zu verpassen, mehr auf das Programmheft des Claquechefs als auf die Bühne geschaut. Als Claqueur am Burgtheater hat Hörbiger, als einmal der Theatergigant Josef Kainz spielte, vor lauter Aufregung kaum registriert, wen er da vor sich hatte. Sinn und Zweck der Beifallsklatscher war es, das restliche Publikum zum Applaus zu animieren, sodass im Idealfall das ganze Haus tobte. Am Burgtheater oder anderen großen Bühnen haben die Claqueure oft nur für Freikarten geklatscht, in kleineren Theatern wurden die Claqueure von den applaushungrigen Schauspielern – meist geringfügig – bezahlt.

Eine besondere Rolle spielten die Claqueure an der Oper. »Tatsache ist, dass es in der Wiener Hofoper immer Claqueure gegeben hat«, hinterließ uns der renommierte Kritiker Max Graf. »Sänger und Sängerinnen zollten ihnen mit freundlichster Miene ihren Tribut. Kapellmeister, die auf einen Empfangsapplaus Wert gelegt haben, klopften den Claqueuren auf die Schulter, Direktoren, die auch dirigierten, zogen vor den Besitzern kräftiger Hände ihren Hut.«

Anders der Hofoperndirektor Gustav Mahler, der seine Sänger einen Revers unterschreiben ließ, dass sie sich keiner Claque bedienen dürften, aber nach kurzer Zeit kümmerte sich keiner mehr um diesen Revers. Operndirektoren kamen und gingen – doch die Claqueure blieben und sorgten für möglichst stürmischen Beifall, wobei sie meist viel von Musik verstanden und nie zu laut oder in eine Szene hinein applaudierten.

Ein legendärer Claqueur an der Wiener Hofoper war ein alter Herr namens Freudenberger, der sich seine Claqueurskunst laut Max Graf »mit höchst geringen Beträgen bezahlen ließ, ja nach dieser Bezahlung war er fast ein Idealist, der seine Aufgabe mit Takt betrieb. Er wollte mit seinem Beifall das Publikum nur höflich darauf aufmerksam machen, dass ein Musikverständiger an dieser Stelle einem hohen Ton applaudieren würde«.

Kleindarsteller an Sprechtheatern konnten sich natürlich keine Claqueure leisten. Hier wusste der am Deutschen Theater in Prag engagierte Mime Alfred Huttig einen Ausweg. Er rannte, während sich die Stars am Ende der Vorstellung eitel im Applaus sonnten, in eine Parterreloge und rief laut in Richtung Bühne: »Hoch Huttig, hoch Huttig!«

Er war sein eigener Claqueur.

»Schnattert nicht, hier wird gestorben!«
Adele Sandrock galt als Wiens erotischste Frau

Als Arthur Schnitzler für sein Drama *Reigen* das Idealbild einer lasziven Schauspielerin suchte, nahm er Adele Sandrock als Vorlage, mit der er einst eine intensive Affäre gehabt hatte. Ihre Liebschaften sind legendär, der Dichter Roda Roda stand sogar vor Gericht, weil er ihretwegen einen Nebenbuhler attackiert hatte.

Die Sandrock kam 1863 in Rotterdam zur Welt und mit dreißig Jahren ans Burgtheater, wo sie als Maria Stuart, als Lady Macbeth und als Cleopatra umjubelt wurde. Kaum an der »Burg«, begann ihre stürmische Beziehung mit Schnitzler, die von Eifersuchtsszenen, Streit und Versöhnung geprägt war. Als sie seine uneingeschränkte Aufmerksamkeit forderte, endete die Liebe. Später ging sie durch den *Reigen* in die Literaturgeschichte ein.

Die Sandrock stand sich mit ihren Launen aber auch beruflich im Wege, sie ließ sich nie zufriedenstellen, fühlte sich ständig zurückgesetzt, warf Theaterdirektoren vor, ihre Konkurrentinnen zu bevorzugen.

»Schnattert nicht, hier wird gestorben!«

Burgtheaterdirektor Max Burckhard (mit dem sie ebenfalls liiert war) tat alles, um sie zu beruhigen, er nahm Rücksicht auf ihr reizbares Temperament, akzeptierte, wenn sie wegen ihrer Migräne Vorstellungen absagte. Als es um die Verlängerung ihres Engagements ging, schrieb sie ihm: »Meine Mutter erklärt, sie würde sich vor meinen Augen erschießen, wenn ich diesen Vertrag unterschreibe.«

Schnitzler wählte sie als Vorbild für die Rolle der lasziven Schauspielerin im Reigen: *Adele Sandrock*

Paul Schlenther, Burckhards Nachfolger, brachte weniger Geduld auf. Als er es ablehnte, den Vertrag ihrer – weit weniger begabten – Schwester Wilhelmine zu verlängern, ließ sich Adele eine Audienz bei Kaiser Franz Joseph geben, der ihr nicht helfen konnte. Die Schwester musste gehen.

Als die 35-jährige Adele dann in Schnitzlers Stück *Vermächtnis* eine Mutter spielen sollte, erklärte sie, bebend vor Zorn, ihre Kündigung. Der Direktor nahm diese an, womit sie nicht gerechnet hatte. Die beliebteste und erotischste Schauspielerin Wiens ging nun auf Tournee, konnte aber nicht an ihre einstigen Erfolge anschließen. Adele Sandrock geriet in Vergessenheit, lebte zeitweise sogar in Armut.

Das Comeback gelang erst ein Vierteljahrhundert nach dem Eklat, jetzt als komische Alte in den Unterhaltungsfilmen der 1920er- und 1930er-Jahre an der Seite von Heinz Rühmann, Leo Slezak und Hans Moser.

Adele Sandrock, die in ihren späten Jahren als großes Original galt, starb am 30. August 1937. Umsorgt von ihrer Schwester Wilhelmine, verbrachte sie die letzten Wochen in ihrer Berliner Wohnung. Als Wilhelmine im Nebenzimmer mit einem Besucher sprach, erwachte Adele kurz aus dem Koma und brüllte wie in ihren besten Zeiten im Befehlston: »Schnattert nicht, hier wird gestorben!«

Die längste Scheidung der Welt
Max Reinhardt braucht zwanzig Jahre

Max Reinhardt, der »Zauberer des Theaters«, wie er genannt wurde, verliebte sich im Jahr 1917 in die Schauspielerin Helene Thimig. Das Problem: Beide waren verheiratet. Doch die Ehe der Thimig mit ihrem Schauspielkollegen Paul Kalbeck war nicht das Problem. Helene sagte ihm, dass sie die Trennung wolle, und er war sofort einverstanden. Ganz anders war das bei Max Reinhardt, dessen Frau unter keinen Umständen bereit war, einer Scheidung zuzustimmen. Else Heims, eine schöne und begabte

Die längste Scheidung der Welt

Mussten fast zwanzig Jahre warten, bis sie heiraten konnten: die Schauspielerin Helene Thimig und der Theatergigant Max Reinhardt

Schauspielerin mit erotischer Ausstrahlung, wollte immer nur eines: Frau Reinhardt sein – und bleiben. Ein Scheidungskampf von selten dagewesener Härte sollte sich über fast zwei Jahrzehnte hinziehen.

Max Reinhardt scheute weder Kosten noch Mühen, seine Ehe für null und nichtig erklären zu lassen. Aber Else Heims ließ nicht mit sich reden. Scharen von Anwälten studierten internationale Scheidungsgesetze, um Schlupflöcher zu finden. Reinhardts Klage wurde von den Advokaten seiner Frau verschleppt, Reinhardts Vorschläge, es in Prag zu versuchen, scheiterten. 1932 probierte er es in Lettland, das für seine liberalen Scheidungsgesetze bekannt war. Da man dort mehrere Monate gemeldet sein musste, um die Trennung einreichen zu können, inszenierte Max Reinhardt an der Nationaloper von Riga *Die Fledermaus*.

Vergebens. Die Ehe wurde nach lettischem Recht geschieden, aber die Scheidung galt nur in Lettland. Wollte Reinhardt Helene Thimig in Wien oder Berlin heiraten, wäre er wegen Bigamie vor Gericht zitiert worden.

Else Heims blieb unerbittlich, erpresste ihn mit den gemeinsamen Söhnen. Bis Gottfried, einem der beiden, 1935 die Vermittlung zwischen Vater und Mutter gelang. Max Reinhardt ging auf alle Forderungen ein, verpflichtete sich zu immensen Zahlungen.

Die Ehe war beendet, nach fast zwanzigjährigem Scheidungskampf. Es hat kaum je eine zweite Scheidung gegeben, die sich über einen solchen Zeitraum hinweggezogen hat.

Eine schillernde Figur
Die Geschäfte des Camillo Castiglioni

Im Jahr 1924 rettete Max Reinhardt das von der Schließung bedrohte, völlig heruntergekommene Theater in der Josefstadt, nachdem er es aufwendig renovieren hatte lassen. Ermöglicht wurde dies durch Camillo Castiglioni, eine der schillerndsten Figuren der Zwischenkriegszeit. Einerseits großzügiger Kunstmäzen, war er auch ein gewissenloser Schieber.

Geboren 1879 in Triest, ließ Castiglioni sich in jungen Jahren in Wien nieder und wurde im Ersten Weltkrieg Armeelieferant. In der Inflationszeit durch Spekulationen zu einem enormen Vermögen

»Es handelte sich aber um so hohe Beträge, dass ich freigesprochen wurde«: Camillo Castiglioni

gelangt, beteiligte er sich an renommierten Firmen wie *Daimler Puch*, *Alpine Montan* und *Leykam*. Sein Palais auf der Wiener Prinz-Eugen-Straße wurde zum Treffpunkt der High Society, die seine wertvolle Kunstsammlung bewunderte.

Als Max Reinhardt 1920 die Salzburger Festspiele gründete, stellte sich Castiglioni mit großzügigen Beteiligungen ein. Vier Jahre später finanzierte er die Neugründung des Theaters in der Josefstadt.

Kurz danach brach Camillo Castiglionis Finanzimperium zusammen. Nach Fehlspekulationen erlitt er Verluste, die er durch den Verkauf von Industriebeteiligungen und seiner Kunstsammlung auszugleichen versuchte. Doch es war zu spät.

Als er seine Depositenbank zusperrte, wurde Strafanzeige wegen Veruntreuung von Spareinlagen erstattet, worauf Castiglioni nach Rom flüchtete und dort Finanzberater des »Duce« Benito Mussolini wurde.

So entkam Castiglioni einer Verurteilung in Österreich; die Wiener *Humoristischen Blätter* führten jedoch eine »Vernehmung« durch:

RICHTER: »Waren Sie schon einmal angeklagt?«

CASTIGLIONI: »Ja. Es handelte sich aber um so hohe Beträge, dass ich freigesprochen wurde.«

Und in einem Wiener Kellertheater sang ein Kabarettist in Castiglionis Maske zur Melodie des Fiakerlieds: »*I bin halt a echts Weana Kind, ein Bankier, wie ma so leicht net an find ...*«

Er war Kriegsgewinnler, Schieber, Spekulant. Andererseits gäb's ohne ihn heute vielleicht das Theater in der Josefstadt nicht mehr.

Ein Star wird geboren
Die Entdeckung des Komikers Hans Moser

Jahrzehntelang ist Hans Moser auf winzigen Provinz- und Schmierenbühnen gestanden und konnte von seinen Gagen kaum leben. Er sollte 45 Jahre alt werden, ehe seine geniale Komik entdeckt wurde. Zuerst in einem kleinen Kabarett auf der Praterstraße, in dem man ihn mit dem von ihm selbst verfassten Sketch *Der Dienstmann* sah. Von dort holte ihn Direktor Hubert Marischka ans Theater an der Wien, wo Moser in den damals populären Werken der Silbernen Operette die Dritter-Akt-Komiker spielte. Im Februar 1924 feierte er als Kammerdiener Penižek in *Gräfin Mariza* Premiere und wurde zum ersten Mal in einem großen Theater umjubelt. Im darauffolgenden Jahr brillierte er als Billeteur in der Operette *Der Orlow*. Das war die entscheidende Rolle für den nuschelnden Komödianten, da nun zum ersten Mal ein namhafter Kritiker über ihn schrieb. Und diese Rezension von Anton Kuh ist

Ein Star wird geboren

»Seine Beine scheinen verkehrt eingehakelt«: der spät entdeckte Volksschauspieler Hans Moser

gleichzeitig eine der besten Charakterisierungen der Persönlichkeit Mosers, die je verfasst wurde. Kuh beweist, dass er die wirkliche Größe Mosers sehr früh erkannt hat:

»Die Natur verhalf ihm zu einem sonderbaren, chaplinwürdigen Gestell. Seine Beine scheinen nämlich, Wienerisch gesprochen, verkehrt eingehakelt; der Körper trägt ihre Last, nicht sie die seine. Und gewöhnlich sind sie außerdem ins dicke Kostüm eines Amtsmenschen – sei es Portier, Pompfüneberer oder Billeteur gewickelt. ... Wenn Moser mit jemandem spricht, so geschieht es nur eindringlich und verbindlich; er redet ihm mit dem Gesicht unter die Nase, fällt auf ihn, umarmt ihn – man weiß, wie bei Volltrunkenen, nie: Ist es Freundschaft oder Angriff? ... So sieht der neueste Wienerische Schauspieler aus, der zugleich der neueste Schauspieler des Wienertums ist.«

Vermutlich durch diese Kritik auf den bisher unbekannten Schauspieler aufmerksam geworden, besuchte Max Reinhardt eine Vorstellung des *Orlow* und engagierte Moser sofort an sein Theater in der Josefstadt, zu den Salzburger Festspielen und nach Berlin. Von da an war's nur noch ein kleiner Schritt zum Film.

Ein Star war geboren.

Der Publikumsliebling in der Hausmeisterwohnung
Die Villa des Volksschauspielers

In den vielen Jahren, in denen Hans Moser auf Schmierenbühnen auftrat, lebte er in feuchten Kellern, Kabinetten und Bassenawohnungen. Nach seiner Entdeckung durch Bühne und Film konnte er sich's 1931 endlich leisten, ein eigenes Haus zu kaufen. Er war 51 Jahre alt, als er die Villa in der noblen Wiener Auhofstraße 76 bezog. Dem Kaufvertrag ist zu entnehmen, dass der Volksschauspieler für das aus der Gründerzeit stammende Haus an die bisherigen Eigentümerinnen Ottilie Brunner und Dr. Hedwig Wahle 100 000 Schilling* bezahlte.

Hans Moser zog nun mit seiner Frau Blanca und der achtzehnjährigen Tochter Grete in die feudale Villa in Hietzing ein. Doch er konnte den Luxus nicht genießen. Geprägt durch seine ärmliche Kindheit und die vielen Jahre als Provinz- und Schmierendarsteller,

---

* Die Summe entspricht laut Statistik Austria im Jahr 2020 einem Betrag von rund 320 000 Euro.

Der Publikumsliebling in der Hausmeisterwohnung

der oft für ein Abendessen und die Übernachtung in einem schmutzigen Wirtshaus aufgetreten war, litt er auch jetzt, als wohlhabender und allseits geachteter Schauspieler, unter Existenzängsten. So bewohnte er den »Herrschaftstrakt« seiner mit Antiquitäten und Marmorbad eingerichteten Villa nur im Sommer, während er in den Wintermonaten in der winzigen Hausmeisterwohnung im Parterre lebte, um Heizkosten zu sparen.

Im März 1938 verließ Hans Moser das Haus, um sich bei seiner Schwester in der Josefstadt anzusiedeln. Der Grund: Seine jüdische Frau Blanca und seine Tochter Grete traten die Flucht vor den Nationalsozialisten an. Während Blanca nach Budapest und Grete nach Buenos Aires emigrierte, wollte Moser nicht allein in der großen Villa leben. Er bezog sie erst wieder, als seine Frau 1945 zurückkehrte.

Hans Moser konnte den Luxus nicht genießen: die Villa in der Auhofstraße 76

Nach Mosers Tod im Jahr 1964 stand das Haus lange leer, weil die Rechtslage zwischen Witwe und Tochter nicht geklärt werden konnte. Erst 1985 wurde das 2500 Quadratmeter große Anwesen vom Obersten Gerichtshof der »Hans-und-Blanca-Moser-Stiftung zur Unterstützung alter und kranker Menschen« zugesprochen. Vier Jahre später kaufte es der Chemiker Walter Otto um 18 Millionen Schilling und investierte weitere 25 Millionen, um darin das Restaurant *Villa Hans Moser* zu eröffnen. Doch es wurde nach einigen Jahren wieder geschlossen. Heute ist im ehemaligen Wohnhaus des Volksschauspielers die Botschaft der Republik Aserbaidschan untergebracht.

Zusammenbruch auf offener Bühne
Peter Lorre hat ernsthafte Probleme

Peter Lorre galt in den 1920er-Jahren als einer der begabtesten Schauspieler des deutschen Sprachraums. Er war als festes Ensemblemitglied an den Wiener Kammerspielen engagiert, wo er für eine Monatsgage von 500 Schilling* spielte. Seine Auftritte waren so überzeugend, dass Lorre in fast jedem Stück in den Kammerspielen besetzt wurde. Doch hinter dem Talent des Schauspielers, der 1904 als László Loewenstein in Ungarn zur Welt gekommen war, schlummerten düstere Kräfte, die ihn zu zerstö-

---

* Die Summe entspricht laut Statistik Austria im Jahr 2020 einem Betrag von rund 1500 Euro.

Zusammenbruch auf offener Bühne

Machte auch in den USA Karriere: der Schauspieler Peter Lorre

ren drohten. Alkohol- und morphiumsüchtig, brach er zum ersten Mal im Februar 1929 in dem Stück *Rutschbahn* auf offener Bühne zusammen und wurde mit der Rettung von der Rotenturmstraße ins Allgemeine Krankenhaus gebracht, wo er eine mehrmonatige Entziehungskur über sich ergehen lassen musste. Die Vorstellung wurde abgebrochen und Lorre war seinen Job in den Kammerspielen los.

Und doch hatte er seine eigentliche Karriere noch vor sich. Max Reinhardt holte Peter Lorre nach seiner Genesung nach Berlin, wo er 1931 die Rolle seines Lebens spielte. Fritz Lang drehte den Film *M – Eine Stadt sucht einen Mörder*, in dem Lorre Filmgeschichte schrieb.

Seine Darstellung eines Kindermörders war so eindrucksvoll, dass man ihm nach *M* fortan nur noch ähnlich dämonische Filmrollen, in denen er Ausgestoßene, Asoziale und Verbrecher spielen sollte, anbot. Wann immer ihm ein Drehbuch vorgelegt wurde, fragte er: »Was habe ich diesmal zu tun? Erschießen, vergiften oder erwürgen?«

1933 emigrierte Peter Lorre über Paris nach London, wo er in dem Hitchcock-Krimi *Der Mann, der zu viel wusste* spielte, danach ging er nach Hollywood. Auch dort brachte er es zu einem viel gefragten Schauspieler – unvergleichlich in seiner Rolle in *Casablanca* neben Ingrid Bergman und Humphrey Bogart sowie in *Arsen und Spitzenhäubchen* an der Seite von Cary Grant. Leider holte ihn seine Drogensucht auch in Amerika ein, weswegen er 1947 verhaftet und in einer Drogenklinik untergebracht wurde. Durch den öffentlich bekannt gewordenen Skandal nahm seine Karriere schweren Schaden, und er arbeitete vorübergehend für Radiostationen, später wurde er an den Broadway geholt und drehte wieder Filme.

Peter Lorre starb 1964 sechzigjährig in Los Angeles an einem Schlaganfall.

»Der Untergang des Burgtheaters«
Das Vorhangverbot für Schauspieler

Am Burgtheater gab es lange Zeit die recht kuriose Bestimmung des »Vorhangverbotes«: Während es die Schauspieler aller anderen Bühnen der Welt genießen konnten, am Ende der Vorstellung den möglichst lang anhaltenden Applaus des Publikums entgegenzunehmen, mussten die Mimen des Burgtheaters darauf verzichten. Denn der Vorhang blieb, als das Stück vorbei war, geschlossen. Grund dafür war die Ehrfurcht, die die Wiener einst ihrem Kaiser entgegenbrachten: Sollten doch in Anwesenheit des Monarchen nicht andere Personen als dieser bejubelt

»Der Untergang des Burgtheaters«

werden. Doch das Vorhangverbot galt weit über die Kaiserzeit hinaus.

In den rund zweihundert Jahren des Verbots, sich zu verbeugen, gab es unter den Schauspielern zwei »Parteien«, die immer wieder lautstark aneinandergerieten. Die einen wollten das Verbot beibehalten, die anderen waren für seine Abschaffung.

Der große Mime Werner Krauß etwa, der von sich behauptete, »den Applaus zu hassen«, trat sein Leben lang für das Vorhangverbot ein: »Es ist die größte Prostitution für einen Schauspieler«, schreibt er in seinen Memoiren, »wenn er zum Beispiel als toter König Lear aufstehen und sich verbeugen muss. Das finde ich schrecklich.«

Ganz anders die Meinung des nicht minder bedeutenden Schauspielers Raoul Aslan, der vor dem Theatertreffen dreier Bühnen prophezeite: »Nachher wird man sagen, das Berliner Staatstheater hat 35 Vorhänge gehabt, das Deutsche Theater hat 45 Vorhänge gehabt, und das Burgtheater *hätte* 55 Vorhänge gehabt.«

Was das Wort Tradition in Wien bedeutet, erkennt man auch daran, dass das Vorhangverbot nur an der »Burg«, nicht aber an deren Dependance, dem Akademietheater, galt. Dort mussten sich die Mimen – ob sie wollten oder nicht – verbeugen.

Burgtheaterchef Achim Benning ließ in den 1970er-Jahren im Ensemble abstimmen, ob das Vorhangverbot bleiben sollte oder nicht. Da es von der Mehrheit der Mimen abgewählt wurde, dürfen sich die Burgschauspieler seither vor dem Vorhang verbeugen. Werner Krauß muss sich im Grab umgedreht haben, war er doch der Meinung: »Das Ende des Vorhangverbots wäre der Untergang des Burgtheaters.«

Spurensuche in der Welt des Theaters

Zum Abschied ertönt die Kaiserhymne
Wie ein Burgtheaterstar begraben wird

Tja, als Ehrenmitglied des Burgtheaters müsste man sterben, hat ein Schauspieler einmal gesagt, dem dieses Privileg nicht zuteilwurde. In der Tat: Wer Ehrenmitglied der »Burg« war, erhält ein weltweit einzigartiges Begräbnis. Die »schöne Leich« hat in Wien und speziell am Burgtheater Tradition.

Es war der Schauspieler und frühere Burgtheaterdirektor Hugo Thimig, der 1922 als einer der ersten Künstler des Hauses zum Ehrenmitglied ernannt wurde, wobei die Zahl der lebenden Ehrenmitglieder mit zehn limitiert sein sollte. Hugo Thimig durfte sich dieses Titels 22 Jahre lang erfreuen, ehe er 1944 im Alter von neunzig Jahren starb und die ihm als Ehrenmitglied zustehende spezielle Trauerfeier bekam.

Das Zeremoniell sieht vor, dass der oder die Verstorbene auf der Feststiege des Burgtheaters aufgebahrt wird. Dort nehmen die Schauspieler in einem Festakt von ihrem Kollegen Abschied, weiters halten Kulturminister, Burgtheaterdirektor und Regisseure Trauerreden.

Im Anschluss daran wird der oder die Tote, der Tradition entsprechend, in einem Leichenwagen einmal um die »Burg« gefahren, und die Kollegen gehen hinterher. Nach Hugo Thimig wurde die Ehre, so verabschiedet zu werden, Legenden wie Hedwig Bleibtreu, Raoul Aslan, Ewald Balser, Rosa Albach-Retty, Josef Meinrad, Heinrich Schweiger, Attila Hörbiger und Gert Voss zuteil, auf dessen letztem Weg die Kaiserhymne (!) intoniert wurde.

Natürlich war auch die im Mai 2000 verstorbene Paula Wessely

Ehrenmitglied, doch die »Burg«-Doyenne hatte testamentarisch verfügt, dass in ihrem Fall »von einer Verabschiedung auf der Feststiege des Burgtheaters Abstand zu nehmen« sei, da sie sich »weniger als Schauspielerin des Burgtheaters denn als österreichische Schauspielerin« gesehen hatte.

Sie wollte dieses Zeremoniell nicht, erinnern sich Insider, weil sie noch die Trauerfeier für ihren Mann in Erinnerung hatte. Die war ihr zu pompös.

Paula Wessely verzichtete auch auf das für Ehrenmitglieder des Burgtheaters vorgesehene Ehrengrab auf dem Wiener Zentralfriedhof und ließ sich an der Seite von Attila Hörbiger in einem »ehrenhalber gewidmeten« Grab am Grinzinger Friedhof bestatten. Dabei passierte etwas, das nur in Wien vorkommen kann. An diesem Nachmittag wurden in Grinzing Straßenbahnen und Busse gestoppt. Auf Schildern war zu lesen: »Wegen des Begräbnisses von Frau Kammerschauspielerin Paula Wessely wird heute der Betrieb der öffentlichen Verkehrsmittel für drei Stunden eingestellt.«

»Das Pissauer ist dort hinten rechts!«
Wie unsere Stars wirklich hießen

Künstler lieben es, ihre Namen zu ändern, und man kann's ihnen oft gar nicht verübeln. Unvorstellbar fast, wäre Oskar Werner am Burgtheater unter seinem wirklichen Namen – Bschließmayer – als Hamlet aufgetreten. Er war nur einer von vielen Lieblingen, die unter Pseudonym agierten.

Spurensuche in der Welt des Theaters

Wie wir von Hans Moser wissen, dass sein eigentlicher Name Julier war, so hieß Wiens großer Opernstar Maria Jeritza in Wahrheit Jedlička. Peter Alexander hieß Neumayer, und da ein gewisser Josef Moučka vermutete, man könnte mit diesem Namen nicht berühmt werden, änderte er ihn auf Meinrad.

Den umgekehrten Weg ging Elisabeth Orth: Gerade *weil* ihr tatsächlicher Name – Hörbiger – einen so guten Klang hat, wählte sie einen »unverdächtigen«. Sie wollte nicht vom Ruhm ihrer Eltern zehren. Gunther Philipp, der in Wirklichkeit Dr. med. Placheta hieß – aber als junger Schauspieler nicht abends unter dem Namen auftreten wollte, mit dem er tagsüber Spitalsdienst in der Psychiatrischen Klinik des Allgemeinen Krankenhauses versah –, erhielt den wohlmeinenden Rat, sich einen ganz einfachen Namen auszusuchen, der »so klingt wie der eines Hausmeisters«. Und da sein Hausmeister Philipp hieß, nannte er sich dann auch so.

Als Fritz Imhoff noch Jeschke hieß, gestand er seinem Vater, dass er zum Theater wollte. Der schrie empört: »Komödiant willst werden? Zu die Schmieranten gehen, zum fahrenden G'sindel? Wo werden s' dich schon auftreten lassen? Vielleicht *im Hof*!«

Fritz Jeschke hielt das für einen guten Künstlernamen und wurde damit berühmt.

Künstlernamen sind keine Erscheinung unserer Tage, zumal sich schon Ferdinand Raimund – der Raimann hieß – hinter einem Pseudonym versteckte.

Zuletzt noch zu einem Schauspieler, der heute – trotz veredelten Künstlernamens – ziemlich vergessen ist, zu seiner Zeit aber berühmt war: Ludwig Dessoir, eigentlich Dessauer, gastierte am Burgtheater und fragte während der ersten Probe den Theaterdiener, wo denn das gewisse Örtchen sei. Dieser, offensichtlich gut informiert, sagte: »Das kann ich Ihnen sagen, Herr Dessauer!«

»Ich heiße Dessoir«, unterbrach der Mime beleidigt, »und jetzt sagen Sie mir endlich, wohin man geht«.

»Jawohl, Herr Dessoir – das Pissauer ist dort hinten rechts!«

Spurensuche im Reich der Anekdote

Spurensuche im Reich der Anekdote

Das vorgespielte Nachtleben
Der Herzog von Windsor in Wien

In den 1920er- und 1930er-Jahren kam der spätere englische König Edward VIII. mit seiner künftigen Frau Wallis Simpson mehrmals nach Wien. Da die Abend- und Nachtlokale der Stadt in dieser wirtschaftlich tristen Zeit meist leer standen, man dem hohen Paar aber etwas »bieten« wollte, wurden von einem rührigen Tourismusobmann mehrere junge Studenten des Reinhardtseminars engagiert, die dem Prinzen von Wales Nachtleben »vorspielen« sollten. Einer der Schüler war der später berühmte Schauspieler Fred Liewehr.

Zunächst setzte man die angehenden Mimen in das noble Restaurant *Zu den Drei Husaren*, wo der spätere Herzog von Windsor und seine Verlobte das Abendessen einnahmen. Die Studenten bekamen je ein Glas Wein auf den Tisch gestellt, und jeder von ihnen »spielte« einen Besucher des Lokals.

So weit wäre auch alles gut gegangen – hätte nicht vor dem Restaurant ein Autobus gewartet, der die Schauspielstudenten nach dem Diner zur nächsten Station des königlichen Gastes, einem Heurigen in Grinzing, verfrachtete. Nachdem Wiens Künstlernachwuchs auch da in »Gastrollen« brillieren durfte, ging's weiter zur dritten Station, in eine Bar. Die jungen Leute spielten abermals

Gäste, doch diesmal war's des Guten zu viel: Der Prinz betrat das Nachtlokal, sah zum dritten Mal dieselben Gesichter, schmunzelte, drehte sich um – und ging.

Fred Liewehr und die anderen jungen Künstler hatten ihre Rollen gut gespielt. Nur an der Inszenierung hat's gehapert.

Die Dietrich ist unzufrieden
oder Das Alter des Maskenbildners

Billy Wilder wusste von Anfang an, dass Marlene Dietrich die ideale Besetzung für die Rolle der Varietésängerin Christine in seinem 1957 gedrehten Film *Zeugin der Anklage* sein würde. Als der Meisterregisseur die 56-jährige Diva traf, um sie für dieses Projekt zu gewinnen, lehnte sie vorerst mit der Begründung ab, dass sie das Publikum so in Erinnerung behalten sollte, wie sie in jüngeren Tagen ausgesehen hatte.

Nach längeren Verhandlungen gelang es Wilder dennoch, die Zusage der Dietrich zu erhalten – jedoch nur unter der Bedingung, dass ein bestimmter Maskenbildner, mit dem sie schon einmal gearbeitet hatte, auch diesmal zur Verfügung stünde. Glücklicherweise gelang es Billy Wilder, des Schminkmeisters habhaft zu werden, worauf die Probeaufnahmen beginnen konnten.

Ein paar Tage später traf die Crew zusammen, um sich die ersten Bilder des Films anzusehen. Die Dietrich war entsetzt. »Billy, um Himmels willen«, sagte sie, »ich sehe schrecklich aus, es ist eine Katastrophe.«

»Ja, weißt du, Marlene«, erwiderte Wilder, »du darfst nicht vergessen, dass der Maskenbildner seit eurem letzten Film um zehn Jahre älter geworden ist!«

»Wie fangt's an?«
Hans Moser und die Reblaus

Wo immer Hans Moser hinkam, wurde er vom Publikum gedrängt, sein populärstes Wienerlied, *Die Reblaus*, vorzutragen. So auch eines Abends in den Fünfzigerjahren, als er im Heurigenkeller des *Reblaus*-Komponisten Karl Föderl in der Ottakringer Veronikagasse saß. Die Gäste des Lokals bestürmten ihn: »Moser, die *Reblaus*! Bitte, Herr Moser, die *Reblaus*!«

Also gut, Föderl greift in die Tasten seiner Ziehharmonika, Moser will die erste Zeile singen – sie fällt ihm nicht ein. Ein totaler Blackout, obwohl er das Lied schon Hunderte Male gesungen hat. Moser beugt sich zu Föderl und fragt: »Wie fangt's an?«

»*I weiß net*«, antwortet Föderl, während er die ersten Töne der Melodie spielt.

»Na, wie's anfangt, will i wissen!«

»*I weiß net!*«

»Karl, du musst es doch wissen, du hast es doch g'schrieben ...« – und jetzt erst fällt Moser der Beginn des Liedes ein: »*I weiß net, was das is, i trink so gern ein Flascherl Wein ...*«

»Weil i des Stückl inzwischen g'lesen hab«
Attila Hörbiger beruhigt sich

Attila Hörbiger trat Anfang der 1960er-Jahre bei den Salzburger Festspielen als Goethes *Faust* auf. Als er erfuhr, dass *Faust II* als eine der nächsten Produktionen auf den Spielplan kommen, die Titelrolle aber nicht ihm, sondern Thomas Holtzmann übertragen werden sollte, war er außer sich vor Zorn. Hörbiger stürmte ins Büro von Ernst Haeusserman, der grauen Eminenz in Salzburg, und machte seinem Ärger Luft: »Also, das ist der Gipfel!«, brüllte er. »Da hab ich euch zwei Jahre den *Faust* g'spielt, und jetzt, für den *Faust II*, bin ich euch nicht gut genug! Da nehmt ihr einen anderen, ohne mich zu fragen! Bitte schön, macht's, was ihr wollt's, aber vergessen werd ich euch das nicht. Und du, Ernstl, nimm bitte zur Kenntnis, dass ich dich in Zukunft nicht mehr grüßen werde – und auch keinen Wert drauf lege, je wieder von dir gegrüßt zu werden.«

Ein letztes Mal noch sagte Hörbiger »Adieu!«, dann ließ er die Türe ins Schloss fallen und verließ wutschnaubend das Direktionszimmer.

Wochen vergingen, ehe Haeusserman und Hörbiger einander zufällig wieder über den Weg liefen. Schon wollte der Direktor, um der Peinlichkeit des gegenseitigen Nichtgrüßens zu entgehen, die Straßenseite wechseln. Doch da trat Hörbiger auf ihn zu, nahm ihn unterm Arm und sagte: »Servus, Ernstl, alter Freund, wie geht's dir, wie geht's der Susi ...?«

Haeusserman war sprachlos. »Was ist los? Du wolltest doch, dass wir uns nie wieder grüßen!«

»Aber Ernstl«, erwiderte der Schauspieler mit einer wegwerfenden Handbewegung. »Das ist doch längst erledigt, vergiss das mit dem *Faust II*.«

»Ja, aber wieso denn?«

»Weil i des Stückl inzwischen g'lesen hab.«

Der misslungene *Practical Joke*
Typisch Qualtinger

Mitte der 1960er-Jahre drehte Helmut Qualtinger unter dem aus Hollywood angereisten Regisseur William Dieterle den Film *Samba*, der im Auftrag des Österreichischen Fernsehens nach einem Drehbuch von Ulrich Becher entstand. Becher – der auch einer der Verfasser des Theaterstücks *Der Bockerer* war – wurde im Café *Gutruf* ob der Tatsache verhöhnt, dass er es sich zur Angewohnheit gemacht hatte, stets als eine Art »zweiter Hemingway« aufzutreten.

Auch während der *Samba*-Dreharbeiten mit Qualtinger und Helmuth Lohner in den Hauptrollen verstand es Becher einmal mehr, sich unbeliebt zu machen. In diesem Fall, weil er tagtäglich im Studio am Rosenhügel auftauchte und dem Regisseur bei jedem einzelnen Dialog Tipps gab, wie diese und jene Szene besser zu inszenieren wäre.

Die Sache eskalierte insofern, als Regisseur Dieterle eines Tages explodierte, den Autor Becher des Studios verwies und mit einem Verbot belegte, den Dreharbeiten je wieder beizuwohnen. Ein Ereignis, das im *Gutruf* natürlich ausführlich kommentiert und belächelt wurde.

Der misslungene Practical Joke

Auch Qualtinger, der ständig einen Anlass suchte, um einen seiner berüchtigten *Practical Jokes* anwenden zu können, fand Gefallen an dem Zwist Becher–Dieterle. Er überlegte kurz, griff zum Gästetelefon des *Gutruf*, um vor versammelter Stammtischrunde im Hotel *Regina* anzurufen, in dem Ulrich Becher logierte.

»Quasis« Plan sah vor, sich mit Stimme und Akzent von Dieterles ungarischem Regieassistenten Szigetvary im Namen des Regisseurs für den Hinausschmiss zu entschuldigen.

Qualtinger wählte die Nummer des *Regina* und meldete dem Portier mit stark ungarischem Akzent: »Hier spricht Szigetvary, ich bin Régieassistent von William Dieterle, bittäsehr, ich möchte sprächän mit Härr Bechär.«

Die Verbindung wurde hergestellt, Becher war am Apparat.

»Also bittä, Härr Bechär, entschuldigen Sie den Störung, mein Name ist Szigetvary, Sie kännän mich, ich bin Régieassistent von Dieterle, Sie haben Streit gehobt, es tut Härr Dieterle sähr laid. Er bittet um Verzaiung und lasst Ihnen sagän, dass är Sie mähr denn je braucht in Studio, weil är den deutsche Sprache nicht so béhärrscht wie Sie. Und är lässt Ihnän dahär bittän, morgen wieder in Studio zu kommen.«

»So, so, morgen?«, fragte Ulrich Becher ungläubig.

»Ja«, konterte der Anrufer mit unvermindert ungarischem Akzent, »allärdings schon um sächs Uhr früh!«

Qualtinger hat Derartiges in seinem Leben hundertfach inszeniert – und das fast immer mit glänzendem Erfolg. Diesmal freilich ging der *Practical Joke* total in die Hosen. Denn während er als »Herr Szigetvary« telefonierte, saß der echte Szigetvary neben Ulrich Becher im Hotel *Regina*.

Offenbar, um diesen tatsächlich um Entschuldigung zu bitten.

Spurensuche im Reich der Anekdote

Onassis und Jackie in Graz
Ein sonderbarer Staatsbesuch

Es war eine kleine Sensation, als eine steirische Zeitung im Februar 1969 meldete, dass das Ehepaar Aristoteles Onassis und Jackie Kennedy nach Graz kommen würde. Tausende Steirer pilgerten zur angegebenen Stunde zum Grazer Hauptbahnhof, um das Glamourpaar zu empfangen. Und keiner hat bemerkt, dass sich in Wahrheit die Kabarettisten Karl Farkas und Elly Naschold für einen Faschingsscherz zur Verfügung gestellt hatten.

Karl Farkas erzählte mir, was sich in Graz abgespielt hatte: »Wir sahen dem Ehepaar wirklich sehr ähnlich. Als wir kurz nach Mittag in einem Sonderzug am Grazer Hauptbahnhof ankamen, jubelten uns Tausende Menschen zu, die uns alle für das Paar hielten.«

Die beiden Komödianten schritten unter lauten »Ari«- und »Jackie«-Rufen über einen roten Teppich, schüttelten Hände, nahmen Blumensträuße in Empfang. Kinder sagten Gedichte auf, die Musikkapelle des Grazer Bürgerkorps spielte auf, Polizei- und Eisenbahnbeamte salutierten. Fernseh- und Radioteams bemühten sich um Interviews, ein Reporter wollte von Jackie wissen, wie viel Taschengeld sie von Onassis bekäme.

Farkas trug eine dunkle Brille, ähnlich wie im Jahr davor, als er den griechischen Milliardär – nach dessen Hochzeit mit der Witwe des US-Präsidenten John F. Kennedy – im ORF parodiert hatte. »Das Hauptproblem bei unserem Besuch in Graz war«, berichtete Karl Farkas, »dass Elly Naschold – als Amerikanerin! – kein Wort Englisch konnte. Auf Interviewfragen der zahlreichen Journalisten sagte sie immer nur: ›My man will answer Ihre Questions.‹«

Onassis und Jackie in Graz

»Tausende jubelten uns zu«: das Glamourpaar Aristoteles Onassis und Jackie Kennedy recte Karl Farkas und Elly Naschold am Grazer Hauptbahnhof

Vom Hauptbahnhof wurden die beiden in einer schwarzen Limousine zum Rathaus chauffiert. Während »Ari« und »Jackie« der Menge winkten, flüsterte Farkas seiner Kollegin zu: »So ist noch nie ein Schauspieler gefeiert worden!«

Im Rathaus wurde das Paar vom Grazer Bürgermeister Alois Scherbaum und dem gesamten Stadtsenat begrüßt. Das Stadtoberhaupt, das wie alle anderen Anwesenden keine Ahnung hatte, wer da vor ihm stand, hielt eine höfliche Rede, die Onassis erwiderte. »So richtig brandete der Jubel dann auf, als ich versprach, für die Kosten einer Werft auf dem Grazer Hilmteich aufkommen zu wollen. Daraufhin wurden mir mehrere Bittgesuche um weitere Zuwendungen überreicht.«

Die Grazer hatten ihren »Staatsbesuch« – und erfuhren erst am Abend in der *Zeit im Bild*, wem sie da zugejubelt hatten. Die Idee zu dem Faschingsscherz stammte von der Redaktion der *Kleinen Zeitung* in Graz.

Karl Farkas starb zwei Jahre später, am 16. Mai 1971, im Alter von 78 Jahren.

Der Streit um des Kaisers Bart
Franz Joseph und Johann Strauss

Und zum Abschluss eine weitere Geschichte, in der es um des Kaisers Bart geht. Ein halbes Jahrhundert lang wurde Österreich-Ungarn von zwei Kaisern regiert. Der eine, von Gottes Gnaden, hieß Franz Joseph. Der andere, von Volkes Gnaden, Johann Strauss. Neidvoll blickte der junge Franz Joseph – noch nicht so beliebt wie in seinen späteren Jahren – auf die Popularität des »Walzerkönigs«, der ihm überdies suspekt erschien, weil er den Aufständischen im Revolutionsjahr 1848 seine Sympathien gezeigt hatte. In ihren jungen Jahren sorgte die Barttracht der beiden Herren für enormes Aufsehen.

Der 27. August 1862 war ein »schwarzer Tag« für die Wienerinnen, denn da heiratete Johann »Schani« Strauss die Sängerin Jetty Treffz. Da er um sieben Jahre jünger war als seine Frau, ließ sich der »Walzerkönig« einen mächtigen Vollbart wachsen, der den Altersunterschied optisch ausgleichen sollte. Der geniale Komponist machte seinem Namen »Johann Strauss Sohn« alle Ehre und blieb auch in der Ehe der Sohn. »Mein Schani-Bub ist der bravste, edelste Bub von der Welt«, schrieb Jetty einmal voller Stolz.

Der Streit um des Kaisers Bart

Sie hatte »die Hosen an« und sorgte dafür, dass er einen neuen künstlerischen Weg ging. Jetty traf die weise Entscheidung, ihn vom Dirigentenpult abzuziehen, damit er sich ganz dem Komponieren widmen könne. Der von ihr neu eingekleidete »Schani« zählte auch bald zu den elegantesten Wienern. Und der urwaldartig sprießende Vollbart wurde gerodet und zu einem Kaiserbart gestutzt.

Das hatte dem anderen, dem echten Kaiser, gerade noch gefehlt! Franz Joseph ließ sich, just, als »Schanis« Bart Gesprächsthema Nummer eins war, den seinen abrasieren. Der Monarch hielt sich im Sommer 1862 mit seiner Sisi in Bayern auf, als die Wiener *Morgenpost* meldete: »Personen, welche Seine Majestät seit der Rückkehr aus Possenhofen sahen, bemerkten, dass Allerhöchst derselbe seinen Backenbart abrasiert hat und nur mehr einen Schnurrbart trägt. Wie man erfährt, fiel des Kaisers Bart aus galanter Zärtlichkeit für die Kaiserin. Ihre Majestät ließ nämlich die Bemerkung fallen, dass der Kaiser früher, bevor er den Backenbart getragen hat, jugendlicher und munterer ausgesehen habe.«

Kaiser und (Walzer-)König hatten der Liebe wegen konträr gehandelt: »Franzl«, weil er seiner Frau zu alt, »Schani«, weil er der seinen zu jung schien.

Nun wurde in allen Teilen der Monarchie heftig gestritten, ob die beiden mit oder ohne Bart fescher wären. Doch das passte dem Kaiser gar nicht. Während Johann Strauss seinem Entschluss treu und zeitlebens Bartträger blieb, ließ Franz Joseph den seinen wieder sprießen, zumal er eine öffentliche Diskussion über so ein privates Thema verabscheute.

Ein Streit um des Kaisers Bart.

Danksagung

Der Autor dankt den folgenden Personen für Auskünfte und Anregungen zu diesem Buch: Ines Farina, Franz Reisinger, Kurt Frank, Martha, Eduard und Edgar Müller, Eduard Strauss, Henry Grunwald (†), Peter Weinhäupl, Einzi Stolz (†), Marcel Prawy (†), Peter Broucek, Harald Seyrl, Franz Marischka (†), Otto Schwarz, Melanie und Barbara Langbein, Helmut Krätzl, Friedrich Hacker (†) sowie Katarzyna Lutecka und Madeleine Pichler vom Amalthea Verlag und Dietmar Schmitz.

Quellenverzeichnis

Peter Broucek (Hrsg.), Anton Lehár, *Erinnerungen. Gegenrevolution und Restaurationsversuche in Ungarn 1918–1921*, Wien 1973.

Giacomo Casanova, *Geschichte meines Lebens*, Berlin 1964.

Charles Chaplin, *Die Geschichte meines Lebens*, Wien 1964.

Egon Caesar Conte Corti, *Der alte Kaiser. Franz Joseph I. vom Berliner Kongress bis zu seinem Tode*, Graz-Wien-Köln 1955.

Egon Caesar Conte Corti, *Elisabeth. Die seltsame Frau*, Salzburg 1934.

Felix Czeike, *Historisches Lexikon Wien*, Wien 1992–1997.

Isadora Duncan, *Memoiren*, Wien-München 1928 und 1969.

Max Edelbacher, Harald Seyrl, *Wiener Kriminalchronik*, Wien 1993.

Gustav Fröhlich, *Waren das Zeiten. Mein Film-Heldenleben*, Frankfurt am Main 1989.

Walter Fuchs, Roland Sedivy, Thomas Simon, *Das k. u. k. Verbrecheralbum*, Wien 2019.

Fürstin Nora Fugger, *Im Glanz der Kaiserzeit*, Wien-München 1980.

Max Graf, *Die Wiener Oper*, Wien 1955.

Ernst Haeusserman, *Das Wiener Burgtheater*, Wien 1975.

Edgard Haider, *Verlorenes Wien. Adelspaläste vergangener Tage*, Wien-Köln-Graz 1984.

Brigitte Hamann, *Die Habsburger. Ein biographisches Lexikon*, München-Zürich 1988.

Oliver Hilmes, *Witwe im Wahn. Das Leben der Alma Mahler-Werfel*, München 2004.

Paul Hörbiger, *Ich hab für euch gespielt*, aufgezeichnet von Georg Markus, München 1979.

Quellenverzeichnis

Stefan Karner (Hrsg.), *Der Wiener Gipfel 1961. Kennedy–Chruschtschow*, Innsbruck-Wien-Bozen 2011.

Christine Klusacek, *Zu Besuch im alten Wien*, Wien 1985.

Kardinal Franz König, *Glaube ist Freiheit. Erinnerungen und Gedanken eines Mannes der Kirche*, Wien 1981.

Fritz Kortner, *Aller Tage Abend*, Berlin 1991.

Konrad Kramar, Georg Mayrhofer, *Prinz Eugen. Heros und Neurose*, St. Pölten-Salzburg-Wien 2013.

Maria Kramer, *Die Wiener Staatsoper. Zerstörung und Wiederaufbau*, Wien 2005.

Helmut Kretschmer, *Beethovens Spuren in Wien*, Wien 1998.

Johannes Kunz, *Der Brückenbauer. Kardinal Franz König, 1905–2004. Sein Vermächtnis*, Wien 2004.

Ann Tizia Leitich, *Damals in Wien. Das große Jahrhundert einer Weltstadt 1800–1900*, Wien-Frankfurt o. J.

Erna Lesky, *Meilensteine der Wiener Medizin. Große Ärzte Österreichs in drei Jahrhunderten*, Wien 1981.

Haymo Liebisch, *Erfüllte Stunden durch das Buch. Meine Annäherung an Adalbert Stifter*, Gutau 2014.

Franz Marischka, *Immer nur lächeln. Geschichten und Anekdoten von Theater und Film*, Wien 2001.

Georg Markus, *Die Enkel der Tante Jolesch*, Wien-München 2001.

Georg Markus, *Katharina Schratt. Die heimliche Frau des Kaisers*, Wien-München 1982.

Georg Markus, *Kriminalfall Mayerling*, Wien-München 1993.

Leo Mazakarini, *Das Hotel Sacher zu Wien*, Wien 1983.

Lucian Meysels, *Die verhinderte Dynastie. Erzherzog Franz Ferdinand und das Haus Hohenberg*, Wien 2000.

Oskar Freiherr von Mitis, *Das Leben des Kronprinzen Rudolf*, Leipzig 1928.

Anton Neumayr, *Musik & Medizin. Am Beispiel der Wiener Klassik*, Wien 1987.

Walter Rauscher, *Charleston, Jazz & Billionen. Europa in den verrückten Zwanzigerjahren*, Wien 2020.

Quellenverzeichnis

Johanna Ruzicka, *Sisi und die Diamantsterne*, Wien 2019.
Oskar Schalk (Hrsg.), *Scharfrichter Josef Langs Erinnerungen*, Wien 1920.
Otto Schwarz, *Hinter den Fassaden der Ringstraße. Geschichte, Menschen, Geheimnisse*, Wien 2014.
Anna Maria Sigmund, *Die Frauen der Nazis*, München 2013.
Georg Thiel, Florian Baranyi, *Alle tot. Das 20. Jahrhundert in 101 Nachrufen*, Salzburg 2014.
Gerhard Tötschinger, *Wünschen zu speisen*, Wien-München 2002.
Hans Weichselbaum, *Georg Trakl. Eine Biographie*, Salzburg 2014.
Siegfried Weyr, *Geschichten aus dem alten Österreich*, Wien 1995.
Siegfried Weyr, *Liebe und Verbrechen im alten Wien*, Wien-Hamburg 1977.
Hans-Peter Wipplinger, Matthias Haldemann (Hrsg.), *Richard Gerstl. Inspiration – Vermächtnis*, Köln 2019.
Philipp von Zeska, *Spektakel müssen sein oder Kleines Theater-Bestiarium*, Wien 1968.

Bildnachweis

Archiv Ines Farina (25 links, 27), Landespolizeidirektion Wien (30), Sammlung Rauch/Interfoto/picturedesk.com (49, 249), akg-images/picturedesk.com (51, 91, 106, 165, 253 links), Archiv Setzer-Tschiedel/Imagno/picturedesk.com (55, 102), Brühlmeyer/ÖNB-Bildarchiv/picturedesk.com (57), Österreichisches Theatermuseum/Imagno/picturedesk.com (59, 265), Weber, Harry/ÖNB-Bildarchiv/picturedesk.com (61), Kriminalmuseum Wien (78, 86, 175), Friedrich/Interfoto/picturedesk.com (84), ÖNB-Bildarchiv/picturedesk.com (100, 231, 267), AP/picturedesk.com (111), Wikimedia Commons/Foto: Peter Geymayer (119, 145), Austrian Archives (S)/Imagno/picturedesk.com (124 links), Pietzner, Karl/ÖNB-Bildarchiv/picturedesk.com (126 rechts), Abraham Pisarek/Ullstein Bild/picturedesk.com (129, 183), © Filmarchiv Austria (131), Wikimedia Commons/HatschiKa/CC BY-SA 3.0 AT (147), Pulfer/Interfoto/picturedesk.com (154), Herbert Kofler (170), Austrian Archives/Imagno/picturedesk.com (185, 198), Votava/Imagno/picturedesk.com (202), Felicitas/Interfoto/picturedesk.com (240), Lu Wortig/Interfoto/picturedesk.com (269), Felix Felzmann (271), Ronald Grant Archive/Mary Evans/picturedesk.com (273) sowie Archiv des Amalthea Verlags und Archiv des Autors

Creative Commons:
https://creativecommons.org/licenses/by-sa/3.0/at/deed.en

Der Verlag hat alle Rechte abgeklärt. Konnten in einzelnen Fällen die Rechteinhaber der reproduzierten Bilder nicht ausfindig gemacht werden, bitten wir, dem Verlag bestehende Ansprüche zu melden.

Namenregister

Abraham, Paul 187
Ackermann, Kathrin 240
Adler, Victor 68f.
Adlmüller, Fred 199
Aigner, Maria 21, 123–125
Albach-Retty, Rosa 276
Alençon, Ferdinand Herzog von 227f.
Alençon, Sophie Herzogin von 21, 226–228
Alexander, Peter 278
Altenberg, Peter 125f.
Althann, Michael Johann Graf 116f.
Amélie, Herzogin in Bayern 228
Arnstein, Fanny von 193–195
Arnstein, Nathan Adam von 193
Aslan, Raoul 275f.

Baarová, Lída 241f.
Bach, Johann Sebastian 107
Bahr, Hermann 93, 236
Balser, Ewald 276

Barisch, Franz 250f.
Batthyány, Adam Graf 116
Batthyány, Eleonore Gräfin 116f.
Bauernfeld, Eduard von 118
Becher, Ulrich 286f.
Beethoven, Ludwig van 20, 42–47, 105
Benatzky, Ralph 125
Benning, Achim 275
Berg, Alban 107
Berger, Senta 35
Bergman, Ingrid 274
Bernhardt, Sarah 21, 93, 95–97, 136
Bismarck, Otto von 67, 192
Bleibtreu, Hedwig 276
Bloch-Bauer, Adele 184
Blumenthal, Oscar 123f.
Bock, Fritz 86
Bogart, Humphrey 274
Böhler, Lorenz 254–256
Böhm, Maxi 33
Boltenstern, Erich 158
Bonaparte, Napoleon Franz (Herzog von Reichstadt) 237f.

Borowitzka, Sylvia 84
Bourbon-Parma, Isabella Prinzessin von 211f.
Brahms, Johannes 105
Brammer, Julius 56f.
Bratfisch, Josef 151
Brecht, Bert 128
Bruckner, Anton 22, 258f.
Brunner, Ottilie 270
Burckhard, Max 263

Callas, Maria 60f.
Çami, Aziz 168f.
Cardinale, Claudia 32
Carniciu, Mencia 79–81
Casanova, Francesco 21, 124f.
Casanova, Gaetano 134
Casanova, Giacomo 21, 134f.
Casanova, Zanetta 134
Caspar, Mizzi 219
Castiglioni, Camillo 266–268
Cattarius, Hedwig 200
Cebotari, Maria 199f.
Chanel, Coco 185
Chaplin, Charlie 21, 110–112

Namenregister

Chruschtschow, Nikita 21, 169–171
Clemens, Jean (Tochter Mark Twains) 99
Cobenzl, Philipp Graf 92
Connery, Sean 129
Conrads, Heinz 33
Curzon, Clifford 200
Curzon, Lucille 200
Czernin, Johann Rudolf Graf 196

D'Annunzio, Gabriele 94
Delachaux, Jeanne Catherine (2. Ehefrau Francesco Casanovas) 134f.
Dessoir, Ludwig 278f.
Diessl, Gustav 200
Diessl-Curzon, Fritz 200
Diessl-Curzon, Peter 200
Dieterle, William 286f.
Dietrich, Marlene 21, 130f., 283f.
Dietrich, Sepp 243
Dollfuß, Engelbert 54f.
Dommayer, Ferdinand 48–50
Dommayer, Franz 50
Donizetti, Gaetano 110
Drassl, Antonia 124f.
Dumas, Alexandre 97
Duncan, Isadora 21, 103–107
Duse, Eleonora 21, 93–96

Edward VIII., König des Vereinigten Königreichs (Herzog von Windsor) 22, 282f.
Einstein, Albert 83
Elisabeth, Kaiserin von Österreich (Sisi) 21, 98, 136, 224–228, 291
Essenwein, Karl 180
Esterházy, Nikolaus II. Fürst 246
Eugen, Prinz von Savoyen-Carignan 21, 116–118, 161

Faber, Ilona 20, 85–87
Faber, Ludwig 86
Farina, Achilles 19, 24–28
Farkas, Karl 22, 112, 167, 288–290
Ferdinand I., Kaiser des Heiligen Römischen Reichs 216–218
Fersen, Hans Axel Graf von 214
Ficker, Ludwig von 178
Figl, Leopold 158
Firmian, Leopold Anton Freiherr von, Fürsterzbischof 40
Flöge, Emilie 141, 184–186
Flöge, Helene 141, 184
Flöge, Pauline 184
Föderl, Karl 284

Forst, Willi 130f., 197–199
Fouché, Joseph 164
Francesconi, Enrico Edler von 20, 76–79
Franz I. Stephan, Kaiser des Heiligen Römischen Reiches 208f.
Franz II./I., Kaiser des Heiligen Römischen Reichs/Kaiser von Österreich 163, 193, 195, 216–218, 237f.
Franz, Herzog von Sachsen-Coburg-Saalfeld 66
Franz Ferdinand, Erzherzog 21, 120–122
Franz Joseph I., Kaiser von Österreich 19, 22, 24–28, 54, 66–71, 78, 97, 99, 136, 144, 147–149, 154f., 218, 220–222, 225, 227, 259, 263, 290f.
Freud, Sigmund 183, 250, 252–254
Freudenberger, Claqueur 261
Friedell, Egon 125f.
Fröhlich, Gustav 241f.
Furtwängler, Maria 240
Furtwängler, Wilhelm 21, 239f.
Fux, Johann Joseph 42

Namenregister

Gabor, Zsa Zsa 113f.
Gall, Franz Joseph 246
Gaulle, Charles de 238
Gershwin, George 21, 107–109
Gershwin, Ira 107
Gerstl, Alois 140
Gerstl, Richard 21, 138–140
Gjeloshi, Ndok 168f.
Glas, Uschi 35
Glaser, Joseph Sebastian 227
Gluck, Christoph Willibald 105
Goebbels, Joseph 239, 241f.
Goebbels, Magda 241
Goldberg, Szymon 239
Graf, Max 103, 261
Grant, Cary 274
Grey, Lita 111
Grillparzer, Franz 48, 72, 162f., 196
Gropius, Walter 183, 252
Groß, Alexander 104
Grünwald, Alfred 56f.
Gubitzer, Adolf 236
Guga, Johann 76–78

Habe, Hans 69–71
Habsburg-Lothringen, Karl von 224
Habsburg-Lothringen, Otto von 223f.
Haeusserman, Ernst 32, 188, 285f.
Hahn, Kurt 122
Haller, Karl 247
Hansen, Max 197f.
Hanslick, Eduard 259
Hartmann, Ernst 147
Hartmann, Otto 235–237
Hasenauer, Carl Freiherr von 148f.
Haydn, Joseph 246–248
Heesters, Johannes 197
Heims, Else 264–266
Hein, Otto 58f.
Hemingway, Ernest 286
Hilbert, Egon 200
Hindemith, Paul 240
Hirsch, Moritz Freiherr von 218f.
Hitler, Adolf 34, 72, 85, 182, 230, 232–234, 237–243
Hochhuth, Rolf 221f.
Hofmannsthal, Hugo von 54
Holaubek, Josef 204
Holtzmann, Thomas 285
Holzbauer, Wilhelm 157f.
Holzmeister, Clemens 157
Holzmeister, Judith 31
Honsa, Joseph 19, 29f.
Hörbiger, Attila 33, 276f., 285f.
Hörbiger, Paul 33, 35, 236f., 260
Hotter, Hans 31
Hryntschak, Katharina 68f.
Huttig, Alfred 262

Ibsen, Henrik 79
Imhoff, Fritz 278
Innitzer, Theodor 244

Jahn, Friedrich 35
Jarnigg, Karoline 76–78
Jauner, Franz Ritter von 53
Jauner, Lukas 53
Jeritza, Maria (eig. Jedlička) 20, 54f., 278
Johann Salvator, Erzherzog (Johann Orth) 176
Jolivet, Marie-Jeanne (1. Ehefrau Francesco Casanovas) 134
Jonas, Franz 204
Jonke, Heinrich 122
Joseph II., Kaiser des Heiligen Römischen Reichs 20, 64, 90, 92, 209–212, 214f.
Jürgens, Curd 30, 32–35

Kadelburg, Gustav 123f.
Kainz, Josef 260
Kalbeck, Paul 264
Kálmán, Emmerich 56f., 107–109
Kalman, Rechtsanwalt 191
Karajan, Herbert von 60f., 200

Namenregister

Kara Mustafa 160f.
Karl I., Kaiser von Österreich 72, 154f., 223
Karl VI., Kaiser des Heiligen Römischen Reichs 42, 117
Karl, Erzherzog 41
Károlyi, Mihály Graf 192
Kaunitz, Wenzel Anton Fürst 135
Kennedy, Jackie 288f.
Kennedy, John F. 21, 169–171, 288
Kiss von Ittebe, Nikolaus 70
Klemperer, Otto 109
Klimt, Ernst 21, 140f., 184
Klimt, Georg 21, 141
Klimt, Gustav 21, 138, 140f., 184–186
Klinkicht, Gerhard 21, 243f.
Köchel, Ludwig von 40–42
Köchert, Alexander Emanuel 225
Köfer, Karoline 119f.
Kokoschka, Oskar 183
Koller, Gastwirt 29
Kolschitzky, Georg Franz 161
König, Franz, Kardinal 201–203
Konradi, Inge 31
Kotzebue, August von 161

Kowa, Victor de 197
Krall, Emilie 53
Krantz, Josef 98
Krätzl, Helmut 201f.
Krauss, Clemens 109
Krauss, Franz von 219
Krauss, General 192
Krauß, Werner 275
Kugler, Mila 121
Kuh, Anton 268f.
Kunschak, Leopold 82
Kunschak, Paul 82

Lang, Fritz 200, 273
Lang, Heinz 127
Lang, Josef 64f.
Langbein, Melanie 130
Larisch, Marie Gräfin 219
Lassalle, Ferdinand 192
Latscher-Lauendorf, Julius von 82
Lehár, Anton Freiherr von 20, 71–73
Lehár, Franz 20, 71–73, 107
Lehár, Sophie 72
Lehmann, Fritz 236
Lenya, Lotte 127–129
Léon, Victor 53
Leopold I., Kaiser des Heiligen Römischen Reichs 160
Leopold II., Kaiser des Heiligen Römischen Reichs 212

Liebermann, Rolf 239
Liechtenstein, Josef Wenzel Fürst 194f.
Liechtenstein, Karl I. Fürst 193–195
Liechtenstein, Maria Anna Fürstin 194
Liewehr, Fred 282f.
Liszt, Franz 136
Lobkowitz, Franz Josef Fürst 43
Lohner, Helmuth 286
Loos, Adolf 125–127
Loos, Lina 125–127
Loren, Sophia 32
Lorre, Peter 272–274
Louis-Philippe I., König der Franzosen 227
Ludwig II., König von Bayern 227
Ludwig XIV., König von Frankreich 213f.
Lueger, Karl 81f.
Lustig-Prean, Karl 102

Mahler, Gustav 182f., 252–254, 261
Mahler-Werfel, Alma 182–184, 252–254
Makart, Amalie 137
Makart, Bertha 137
Makart, Hans 21, 136–138
Maria Josepha, Kaiserin des Heiligen Römischen Reichs 211f.

Namenregister

Maria Theresia, Erzherzogin 42, 91, 208f., 211–214
Marie Antoinette, Königin von Frankreich 21, 213–216
Marie Christine, Erzherzogin 211f.
Marie-Louise, Erzherzogin 237
Marischka, Franz 113f.
Marischka, Hubert 268
Mathilde, Prinzessin von Sachsen 122
Matsch, Franz 140
Maximilian Franz, Erzherzog 92
Mayer, Marie Clementine Baronin von 77
Mehmed IV., Sultan 161
Meinrad, Josef 276, 278
Mell, Max 54
Mensdorff-Pouilly, Alexander Graf 66f.
Menuhin, Yehudi 240
Metternich, Klemens Fürst 161–163, 179
Migazzi, Christoph Anton von 90
Montbarrey, Alexandre-Marie-Léonor Graf 134f.
Moser, Blanca 270–272
Moser, Grete 270–272

Moser, Hans 22, 35, 58, 112, 264, 268–272, 278, 284
Motte, Jeanne Gräfin de la 215
Mozart, Leopold 19, 38–40
Mozart, Maria Anna (Nannerl) 39f.
Mozart, Wolfgang Amadeus 38–42, 224
Müller, Adolf jun. 52f.
Müller, Hermann Franz 250–252
Mussolini, Benito 169, 233, 267
Müthel, Lothar 236

Napoleon I., Kaiser der Franzosen 21, 43–45, 163–165, 237f., 247
Naschold, Elly 288f.
Navratil, Gerichtsvollzieher 20, 58f.
Neipperg, Adam Albert Graf 238
Nelböck, Johann 83–85
Nestroy, Johann 21, 118–120, 162
Nestroy, Wilhelmine 118
Neumayer, Josef 82
Nicoletti, Susi 31f., 285
Nothnagel, Hermann 251

Null, Eduard van der 144f.
Null, Maria van der 144

Öhlinger, Anton 204
Onassis, Aristoteles 288f.
Orsini-Rosenberg, Franz Fürst 194f.
Orth, Elisabeth 278
Otto, Erzherzog 121f., 154f.
Otto, Walter 272

Panitsa, Todor 20, 79f.
Pasetti, Otto 128f.
Paümann, Eduard von 223
Paümann, Kurt 223
Pecha, Albine 251
Pertl, Anna Maria 38f.
Petko, Alex 19, 31f.
Petter, Leopold 123
Philipp, Gunther 33, 278
Pius VI., Papst 20, 90–92
Polgar, Alfred 54
Popper von Podhragy, Leopold 54
Potocka, Gräfin 68
Prawy, Marcel 31, 55
Presley, Elvis 85
Prokofjew, Sergej 107
Puccini, Giacomo 21, 54, 101–103
Puchsbaum, Hans 190f.

Namenregister

Qualtinger, Helmut 22, 286f.

Raimund, Ferdinand 162, 278
Rapp, Jean 164
Ravel, Maurice 107
Reichel, Erwin 204f.
Reindl, Franz 217
Reinhardt, Gottfried 266
Reinhardt, Max 22, 264–267, 270, 273
Reiter, Christian 48
Ressel, Franzi 59
Reumann, Jakob 81, 248
Ries, Ferdinand 44
Riva, Maria 130f.
Roda Roda, Alexander 262
Rohan, Louis Kardinal 215
Rokitansky, Carl von 144, 247
Romanelli, Romano 106
Rosenbaum, Joseph Carl 246f.
Roth, Mathias 178
Rothschild, Clarisse 68, 184
Rothschild, Louis 68f.
Rudolf, Kronprinz 122, 150f., 218–224, 226
Rühmann, Heinz 264

Sacher, Anna 152, 154
Sachs, Gunter 35
Saincy, Louis-Pierre-Sébastien Marschall von 134
Salm, Niklas Graf 160
Sandrock, Adele 262–264
Sandrock, Wilhelmine 263f.
Schärf, Adolf 170
Scherbaum, Alois 289
Schiele, Egon 138
Schindler, Emil Jakob 183
Schlenther, Paul 263
Schlick, Moritz 20, 83–85
Schnitzler, Arthur 21, 152, 174, 176, 262f.
Scholz, Roman Karl 236
Schönberg, Arnold 138–140
Schönberg, Mathilde 138–140
Schönborn, Christoph, Kardinal 244
Schönerer, Georg von 219
Schönherr, Dietmar 35
Schratt, Katharina 20, 67–71, 149
Schreber, Daniel Gottlob Moritz 248–250
Schreber, Paul 249f.
Schreyvogel, Joseph 195–197
Schubert, Ferdinand 48
Schubert, Franz 20, 46–48

Schuhmeier, Franz 20, 81–83
Schuschnigg, Artur 234
Schuschnigg, Herma 234
Schuschnigg, Kurt 192, 234f.
Schuschnigg, Maria Dolores 235
Schuschnigg, Vera 234f.
Schwaiger, Anton 205
Schwarz, David 99
Schweiger, Heinrich 276
Schwind, Moritz von 48
Semper, Gottfried 148
Sicardsburg, August Sicard von 145
Simpson, Wallis 282
Singer, Edmund 79
Slezak, Leo 264
Sobieski, Jan III., König von Polen 161
Soliman, Sultan 160
Sophie, Herzogin von Hohenberg 120, 122
Sophie Friederike, Erzherzogin 226
Stadler, Martin 201
Staps, Friedrich 164f.
Starhemberg, Ernst Rüdiger Graf 160
Stein, Leo 53
Stephanie, Kronprinzessin 122, 220, 222
Stepinac, Alojzije, Kardinal 201

302

Namenregister

Stifter, Adalbert 21, 178–180
Stolz, Clarissa 187
Stolz, Einzi 186–188
Stolz, Robert 20, 35, 58f., 125, 186–188
Stransky, Erwin 251
Strauss, Adele 107
Strauss, Eduard 52
Strauss, Johann (Sohn) 22, 48–53, 72, 290f.
Strauss, Johann (Vater) 20, 49f.
Strauss, Josef 50–52
Strauss, Lina 52
Strawinsky, Igor 108
Streim, Maria Anna 50
Szeps, Moriz 219
Szigetvary, Regieassistent 287

Taaffe, Eduard Graf 219
Tandler, Julius 247
Tauber, Richard 113
Taylor, Elizabeth 32
Thimig, Helene 264–266
Thimig, Hugo 146–149, 276
Thun, Marie 122
Thurn und Taxis, Johann Baptist Graf 38
Tisza, Stephan Graf 153, 192
Topollaj, Alexander 168
Toscanini, Arturo 21, 109f.

Trajan, römischer Kaiser 232
Trakl, Georg 21, 176–178
Treffz, Jetty 290f.
Twain, Mark 21, 97–99

Ucicky, Gustav 130
Ucicky, Maria 186

Veith, Marcel 174–176
Veith, Mizzi 21, 174–176
Veitschegger, Martin 221
Verdi, Giuseppe 110
Vetsera, Helene Baronin 150–152
Vetsera, Ladislaus Baron 150f.
Vetsera, Mary Baronesse 150–152, 219, 224
Victoria, Königin des Vereinigten Königreichs 65f.
Voss, Gert 276

Wagner, Oberkellner 153
Wagner, Richard 105, 136
Wahle, Hedwig 270
Waldmüller, Lizzi 197–199
Walter, Bruno 240
Waraschitz, Poldi 19, 32–35
Weber, Constanze 40

Webern, Anton von 139
Weichs, Joseph von 193–195
Weiler, Marie 118–120
Weill, Kurt 128f.
Weinhäupl, Peter 186
Wengraf, Senta 31
Werfel, Franz 182–184
Werner, Oskar 277
Wessely, Paula 277
Wilbrandt, Adolf 148
Wilder, Billy 283f.
Wilhelm II., Deutscher Kaiser 222
Windisch-Graetz, Joseph Prinz 221f.
Winter, Max 155f.
Winterhalter, Franz Xaver 225
Wlassak, Eduard von 28
Wojtyła, Karol (Papst Johannes Paul II.) 203

Zeppelin, Ferdinand Graf 21, 99–101
Zeska, Philipp von 79f.
Zogu, Achmed, König von Albanien 21, 168f.
Zuckerkandl, Berta 184
Zuckmayer, Carl 230–232
Zweig, Stefan 21, 230–232